DOMMAGES AUX CHAMPS

CAUSÉS

PAR LE GIBIER

(LAPINS — LIÈVRES — SANGLIERS, ETC.)

DE LA RESPONSABILITÉ

DES PROPRIÉTAIRES DE BOIS ET FORÊTS

ET LOCATAIRES

DE CHASSES

EXAMEN DE LA DOCTRINE ET DE LA JURISPRUDENCE EN CETTE MATIÈRE,
SUIVI DU TEXTE DE NOMBREUSES DÉCISIONS JUDICIAIRES

PAR ALEXANDRE SOREL

Avocat de la Cour impériale
Suppléant du juge de paix de l'arrondissement des Gobelins

PARIS

AUG. AUBRY, LIBRAIRE
16, RUE DAUPHINE.

AUG. DURAND, LIBRAIRE,
7, RUE DES GRÈS.

M.DCCC.LXI

DOMMAGES AUX CHAMPS

CAUSÉS PAR LE GIBIER

(LAPINS—LIEVRES—SANGLIERS, ETC.)

PARIS. — IMPRIMÉ CHEZ BONAVENTURE ET DUCESSOIS.

DOMMAGES AUX CHAMPS

CAUSÉS

PAR LE GIBIER

(LAPINS — LIÈVRES — SANGLIERS, ETC.)

DE LA RESPONSABILITÉ

DES PROPRIÉTAIRES DE BOIS ET FORÊTS

ET LOCATAIRES

DE CHASSES

EXAMEN DE LA DOCTRINE ET DE LA JURISPRUDENCE EN CETTE MATIÈRE ,

SUIVI DU TEXTE DE NOMBREUSES DÉCISIONS JUDICIAIRES

PAR ALEXANDRE SOREL

Avocat de la Cour impériale

Suppléant du juge de paix de l'arrondissement des Gobelins.

PARIS

AUG. AUBRY, LIBRAIRE
16, RUE DAUPHINE.

AUG. DURAND, LIBRAIRE,
7, RUE DES GRÈS.

M.DCCC.LXI

INTRODUCTION.

Considérations générales.

1. Les questions de responsabilité encourue par les propriétaires de bois, relativement aux dégâts que cause le gibier, sont loin d'être neuves. Nous en trouvons plus d'une fois la trace dans les vieux monuments de jurisprudence, mais jamais elles ne se sont produites dans les mêmes proportions qu'aujourd'hui. Est-ce à dire que le gibier était jadis plus scrupuleux à l'endroit des récoltes ou qu'il était en moins grand nombre? En aucune façon. Mais les réclamations qui s'élevaient alors se produisaient d'une manière plus timide, et ne constituaient pas de la part de certains cultivateurs un vrai système de spéculation. « Bon an mal an, dit un spirituel écrivain, les tribunaux de France ont à

prononcer *contre le lapin* des condamnations à des cent mille francs de dommages-intérêts et plus[1]. »

2. Il y a, suivant moi, plusieurs considérations dont on s'est beaucoup trop écarté, toutes les fois qu'on a eu à apprécier ces sortes de réclamations.

3. La première, c'est que la présence du gibier dans un bois constitue pour le voisinage une espèce de servitude, dont les inconvénients doivent être supportés dans de certaines limites, sans donner ouverture à aucune action.

Il en serait ainsi de l'ombrage et de l'humidité que produiraient des arbres plantés sur la ligne séparative d'un bois et d'un champ, sauf, bien entendu, le droit d'élagage.

Les incursions de certains animaux sortis de ce bois sont, je le reconnais, autant de circonstances susceptibles de déprécier la valeur de ce champ. Aussi maint cultivateur, plus malin qu'il ne veut en avoir l'air, ne manque-t-il pas de faire valoir cette situation quand il s'agit d'acheter ou de louer une terre. Mais une fois qu'il l'a obtenue à bon compte, il se retourne contre le propriétaire du bois, et commence par lui formuler, bien humblement, bien respectueusement, ses doléances. La prétention, d'ailleurs, se traduit alors par un chiffre assez minime.

[1] Toussenel, *L'Esprit des Bêtes*, p. 326.

Le propriétaire, qui a le désir de vivre en bon voisinage, ne veut point un procès pour si peu de chose. Accueillant avec une bonne foi naturelle les récriminations du riverain, il paye et reconnaît ainsi un principe qui doit lui être bientôt fatal.

L'année suivante, on lui présente de nouveau la carte. Mais cette fois le chiffre a grossi. Bien mieux, d'autres réclamants, alléchés par l'exemple, accourent aussi, et voilà le malheureux propriétaire aux prises avec les exigences les plus dérisoires, obligé de se laisser traîner devant les tribunaux. On le cite devant le juge de paix de l'endroit; mais la plupart du temps, quand cette citation lui arrive, il n'est plus dans sa propriété; il est venu passer à la ville ses quartiers d'hiver. Ce sera donc un garde particulier ou quelque autre mandataire du pays qui sera chargé de défendre ses intérêts, et souvent, dans l'ignorance où chacun se trouve de la marche à suivre, ces intérêts seront gravement compromis.

4. Une autre considération qui ne me touche pas moins dans ce genre d'affaires, c'est la défaveur, pour ainsi dire préconçue, qui s'attache parfois à la qualité de propriétaire d'un bois, lorsqu'il se présente devant la justice. Aux yeux de quelques magistrats, ce propriétaire n'a en vue que la plaisir de la chasse, et partant il doit payer en grand seigneur.

C'est là une erreur grave et qui ne tendrait à rien moins qu'à un déni de justice.

Assurément je comprends toute la sollicitude que comportent les intérêts agricoles, et je suis de ceux qui veulent leur assurer la protection la plus large et la plus légitime ; mais il ne faut pas que le zèle aille jusqu'à sacrifier entièrement les revenus des uns pour accroître ceux des autres.

5. Que la chasse soit un plaisir, c'est incontestable. Mais est-ce là son seul caractère? N'est-elle pas et ne doit-elle pas être considérée comme un accessoire de la propriété? et à ce point de vue n'est-elle pas souvent la source d'un bénéfice important? Or, si, pour empêcher la récolte du voisin d'être amoindrie, vous me forcez à détruire entièrement le gibier que peut renfermer mon bois, vous arriverez à cette conséquence que, là où il n'y aura plus de gibier à tuer, il n'y aura plus de chasse à louer, et vous m'enlèverez d'un trait de plume le revenu légitime que je m'étais assuré. Est-ce juste?

6. Je pourrais encore signaler les inconvénients résultant de la destruction totale du gibier au point de vue de l'alimentation publique, dont il est un des principaux éléments. Mais c'est là une question d'économie domestique qui ne touche pas essentiellement au but que je me propose.

Quoi qu'il en soit, cette situation faite depuis

quelques années aux propriétaires de bois et forêts m'a vivement ému, et je me suis demandé si ce ne serait pas leur rendre un véritable service que de placer sous leurs yeux la plupart des documents utiles à la défense de leurs droits, et de leur permettre ainsi de pouvoir soutenir eux-mêmes leur cause devant le premier degré de juridiction où ils seront appelés.

CHAPITRE PREMIER.

Caractères de la Responsabilité.

7. Pour déterminer d'une façon précise la responsabilité qui incombe au propriétaire d'un bois, relativement aux dégâts causés par le gibier en général, il faut, avant tout, rechercher quels sont les principes qui servent de base à cette responsabilité.

8. L'art. 1385 du Code Napoléon est ainsi conçu : « *Le propriétaire d'un animal ou celui qui s'en sert,* « *pendant qu'il est à son usage, est responsable du* « *dommage que l'animal a causé, soit que l'animal* « *fût sous sa garde, soit qu'il fût égaré ou échappé.* »

Est-ce cet article 1385 qu'il faudra viser pour

arriver à la condamnation du propriétaire d'un bois?

Longtemps on l'a cru : les esprits les plus éclairés l'ont soutenu, et aujourd'hui encore quelques tribunaux persistent à propager cette doctrine.

C'est là cependant une nouvelle erreur.

9. En effet, sous la législation actuelle, le gibier, en tant que gibier, n'appartient à personne; il est *res nullius* et devient la propriété du premier occupant. Cela est si vrai que si je vais dans votre bois tuer le gibier qu'il renferme, je me rendrai coupable d'un délit de chasse, mais non point d'un vol. Vous aurez le droit de faire dresser un procès-verbal contre moi, mais vous n'aurez pas celui d'exiger la restitution immédiate de la pièce de gibier que j'aurai tuée, parce que cette pièce sera devenue ma propre chose à l'instant même où je l'aurai abattue; si, au contraire, aux yeux de la loi, vous étiez propriétaire du gibier fréquentant votre bois, vous seriez en droit de me traduire comme un voleur et de reprendre l'objet dont je me serais indûment emparé [1].

10. La loi (art. 524 et 564 du Code Nap.) n'a fait exception à ce principe que dans le cas où il s'agit de lapins de *clapiers*, parce que ces animaux, renfermés ordinairement dans de petites cabanes,

[1] Voir ci-après page 78, le jugement du tribunal de Rambouillet.

ont perdu leur liberté naturelle. Il en est de même des lapins entretenus dans une *garenne fermée* (Cass. 13 août 1840), ou du gibier contenu dans un parc entouré de murs ou de fossés.

On ne peut donc pas dire que le propriétaire d'un bois ouvert à tout venant est en même temps propriétaire du gibier qui s'y trouve, et, dès lors, l'article 1385 du Code Napoléon est inapplicable.

11. Mais à côté de cet article, il en est un autre qui consacre un principe beaucoup plus large et qui s'applique à tout individu quel qu'il soit. C'est l'article 1383 ainsi conçu :

« Chacun est responsable du dommage qu'il a « causé non-seulement par son fait, mais encore par « sa négligence ou par son imprudence. »

Si donc il est démontré qu'un propriétaire a, par sa propre négligence, causé un préjudice à son voisin, ce dernier sera autorisé à lui réclamer des dommages-intérêts. La seule condition, en pareil cas, sera d'établir qu'il y a eu faute, et la principale difficulté sera de bien fixer la ligne de démarcation entre ce qui constitue la négligence et ce qui est à l'abri de tout reproche. Dès lors, ce sera plutôt dans le domaine des faits que dans celui du droit qu'il faudra chercher la vérité.

12. Cependant à côté des faits il y aura des principes qu'il ne faudra pas méconnaître.

Ainsi, par exemple, il y a une première question qui surgit et que les tribunaux ont résolue différemment : c'est celle de savoir à quel moment doit commencer, pour le propriétaire d'un bois, l'obligation de prendre souci des intérêts du voisinage.

Je possède un bois, la nature de ce bois y a attiré une certaine quantité de gibier qui pullule dans de notables proportions ; cependant personne ne s'est encore plaint : dois-je prévoir les inconvénients d'un pareil état de choses pour les terres qui touchent à mon domaine, ou dois-je attendre que ceux qui cultivent ces terres me mettent en demeure de faire cesser les dégâts dont ils peuvent être victimes ?

13. Cette question en implique une autre plus délicate et plus importante qu'on peut formuler ainsi :

Y a-t-il, pour le propriétaire d'un bois, obligation de détruire lui-même ou de faire détruire à ses frais le gibier qui cause des dommages aux champs voisins ?

Je comprenais parfaitement cette obligation sous l'ancien régime où les lois sur la chasse étaient fort sévères, et où quiconque osait tirer sur le gibier de son seigneur était traité comme un larron. Il fallait alors que ce seigneur fît ce que les autres ne pouvaient faire. Mais aujourd'hui les temps sont bien changés. Le plus petit roturier peut chasser à l'égal du plus grand propriétaire ; moyennant une même somme, il est accordé à l'un comme à l'autre le droit de permis de chasse, et, pourvu qu'on n'en use pas en dehors des cas prévus par la loi, chacun est libre de ses actions. De plus, la loi, se préoccupant à juste titre du sort des récoltes, a conféré aux propriétaires, possesseurs ou fermiers de terres, la faculté de détruire en tout temps certains animaux malfaisants.

Comment alors supposerait-on que le propriétaire fût tenu de faire en personne ce qu'il est loisible aux parties lésées d'accomplir elles-mêmes ?

14. Mais, dira-t-on, pour que le voisin puisse poursuivre utilement les animaux à qui votre bois sert de repaire, il faudra qu'il pénètre dans ce bois et la loi défend d'entrer chez autrui sans son consentement.

15. La loi pose en principe que chacun peut user de sa chose comme il lui plaît, mais à la condition de n'être nuisible à autrui en aucune manière. « *In suo alii hactenus facere licet, quatenus nihil in alienum immittit.* »

16. En outre, il est certains droits et certains devoirs qui, sans être écrits dans le Code, n'en existent pas moins, parce qu'ils touchent à un intérêt général dont chacun doit avoir conscience.

Au nombre de ces devoirs est celui qui consiste à ouvrir sa porte à quiconque vient pour conjurer un mal commun.

Ainsi le feu prend dans votre propriété; il peut s'étendre aux maisons voisines. Il y a pour vous obligation, non-seulement de chercher à l'éteindre au plus vite, mais encore d'appeler l'aide des voisins, et si vous ne le faites pas, ou si vous êtes absent, ces derniers sont en droit d'enfoncer votre porte et de pénétrer dans votre demeure. En pareil cas, il ne peut y avoir violation de domicile.

Sans aller aussi loin, lorsqu'il s'agit de dégâts causés par le gibier, et sans donner *de plano* au voisin le droit de faire irruption sur la propriété d'autrui, je reconnais cependant que lorsque la présence de ce gibier constitue pour le voisinage un véritable fléau, il faut que le propriétaire du bois fasse lui-même une croisade sérieuse contre ces ennemis acharnés, ou qu'il permette aux voisins de venir chez lui opérer les destructions nécessaires. (Cassation, 3 janvier 1810-10 août 1819.) Mais cette obligation alternative ne commencera à produire son effet que quand le propriétaire aura été *mis en demeure* de l'exécuter, et qu'il aura pu constater par lui-même le bien fondé des réclamations. Autrement il pourrait arriver qu'absent de chez lui, et ignorant complétement ce qui s'y passe, il fût rendu responsable de faits qui lui sont entièrement étrangers.

17. D'un autre côté, on ne comprendrait pas que ce même propriétaire, habitant à une centaine de lieues du pays où se trouve son bois, et n'entendant en aucune façon se ménager les plaisirs de la chasse, fût tenu d'entreprendre un long voyage, et de faire une absence préjudiciable à ses intérêts pour venir protéger ceux des autres ! Du moment qu'il autorise les parties lésées à venir *détruire* chez lui les animaux dont ils ont à se plaindre, on n'a plus rien à lui reprocher.

18. Maintenant quels seront ces animaux ? Doit-on étendre la responsabilité du propriétaire à toute sorte de gibier, ou, au contraire, faut-il la restreindre à quelques espèces particulières ?

C'est ici que nous arrivons à la véritable difficulté de ces questions ; et pour les bien apprécier il est indispensable de rechercher quelle est la nature, quelles sont les habitudes de certain gibier, et de relever plusieurs détails qui semblent au premier abord appartenir exclusivement au domaine de l'histoire naturelle.

Les animaux dont les méfaits ont jusqu'ici motivé le plus de condamnations sont : 1° le lapin ; 2° le lièvre ; 3° le sanglier ; 4° les cerfs et biches ; 5° les renards, blaireaux, etc., etc.

Nous allons donc passer en revue chacun d'eux, et rechercher quel pourra être le degré de responsabilité incombant au propriétaire du bois qu'ils fréquentent.

CHAPITRE DEUXIÈME.

Le Lapin.

19. On ne s'attend pas assurément que je fasse ici une peinture physique de cet aimable rongeur. La seule chose que je veuille constater et que personne n'ignore, c'est qu'il s'abrite, lui et les siens, dans de vastes terriers, qu'il les quitte la nuit pour aller herboriser la plaine, et que :

Après qu'il a brouté, trotté, fait tous ses tours,
Jeannot Lapin retourne aux souterrains séjours.

Les lapins pullulent à l'infini, et sans aller jusqu'à accepter la déclaration de ce voyageur anglais, qui assure qu'une paire ayant été transportée dans une île, il s'en trouva six mille au bout de l'année, on peut dire que si on ne tempérait pas cette multiplication par de fréquentes destructions partielles, on arriverait peut-être à subir le sort de ces habitants de Minorque qui, suivant Pline, demandèrent un secours de troupes à Auguste contre les lapins qui déracinaient leurs arbres et minaient leurs maisons. Aussi de tout temps s'est-on montré soucieux d'empêcher de tels effets, et des dispositions assez sévères étaient prises contre les propriétaires de *garennes*.

20. Dans l'origine, le mot garenne, dérivé du germain *waren* (défense), désignait tout héritage *défensable*, c'est-à-dire tout lieu où il n'était pas permis d'entrer, et dont on ne pouvait user sans le congé du seigneur.

Il désignait aussi une espèce de terres appartenant aux vassaux, où le seigneur s'était exclusivement réservé le droit de chasse et de pêche.

Les *Établissements de saint Louis* (chap. CL) consacraient formellement le droit de garennes en ces termes : « Hons coustumiers si fet soixante sols « d'amende, se il brise la sésine son seigneur, ou « il chasse *en ses garennes.* »

Plus tard, les garennes seigneuriales disparurent, sauf la garenne royale.

« Le seigneur alors, dit M. Championnière[1], ré- « duit au droit commun à tous les propriétaires de « chasser dans ses propres domaines, chercha du

[1] *De la propriété des Eaux courantes*, n. 43.

« moins à y conserver le gibier. Ces parcs, clos ou « non, étaient désignés sous le nom de *vivaria.* « Une ordonnance de 1235 les distinguait expres- « sément des garennes, en réglant le mode d'évalua- « tion du droit de relief. Les *vivaria*, aussi nom- « més *leporaria*, renfermaient principalement des « lapins. La plupart des coutumes les désignèrent « sous le nom de *conninière*, *faux* ou *buissons à* « *connils;* plus communément, et dans le langage « habituel, on leur donna la qualification de *ga-* « *renne*, parce que d'après l'étymologie du mot, « on appelait ainsi tout lieu, terre ou champ rendu « défensable par des haies ou fossés, et que telle « est la nature des *conninières.* »

Ces garennes se divisaient en deux espèces : les garennes *ouvertes* et les garennes *forcées* ou *fermées.*

Les premières étaient celles dont l'entrée et la sortie étaient libres aux lapins, et qui n'étaient entourées d'aucune clôture; les secondes, au contraire, étaient fermées par des murs ou des fossés d'eau.

Les garennes ouvertes ne pouvaient être tenues que par les seigneurs de fiefs ayant droit de justice :

« Aucun, disait la coutume de Meaux (art. 211), « ne peut tenir garenne jurée, supposé qu'il ait « haute justice en sa terre, s'il ne l'a pas permis- « sion du roy, tiltre particulier et exprès, ou de

« telle et si longue jouissance qu'il ne soit mémoire « du commencement ne du contraire.

« Garenne jurée s'entend garenne défendüe et « là où ne peut aller chasser sans danger de justice.

« Mais si haut ou bas justicier voulait faire quel- « que buysson à connins en sa terre et seigneurie, « faire le peut de consentement de ses sujets et non « autrement : mais ledit buysson n'est point censé « réputé *garenne.* »

Outre les formalités requises pour la construction d'une *garenne*, il fallait encore que le propriétaire ménageât autour de cette garenne une quantité suffisante de terres pour *la nourriture des lapins.*

Ainsi l'avait décidé un arrêt du parlement de Toulouse du 16 janvier 1586, qui enjoignit à M. de Benoît, conseiller, de semer aux environs de sa garenne une quantité de graine suffisante pour nourrir les lapins.

Lorsque ces animaux causaient trop de dégâts dans le voisinage, on pouvait ordonner la destruction de la garenne. (Ordonnance du roi Jean, de 1355, art. IV.—Autre de Charles V, de 1356, article 1er.—Ordonnance de 1669, titre XXX, art. XI.)

Du reste, l'autorisation de construire une garenne contenait la condition de payer aux propriétaires voisins une indemnité des dommages qu'ils pouvaient en éprouver. « Le tout, y est-il dit, à la

« charge d'indemniser les particuliers et vassaux « du préjudice qu'ils pourraient souffrir par la « proximité de ladite garenne. »

Telle était la situation quand parut la loi du 4 août 1789, qui abolit le droit exclusif de *garenne ouverte.*

Dès lors, chacun devint maître de convertir son terrain en *garenne* proprement dite, mais le tout à ses risques et périls. Toutefois, il ne faut pas en conclure que tout bois qui renfermera des lapins sera une garenne. Pour qu'il ait ce caractère, il faut l'avoir affecté en quelque sorte au séjour de ces animaux, et avoir rempli certaines conditions qui sont déterminées par des règlements de police.

Celui qui possède une *garenne*, dans le vrai sens du mot, est considéré par la loi comme propriétaire des lapins qui s'y trouvent (art. 524-564 du Code Nap.), et la responsabilité qui lui incombe à cet égard est déterminée par l'art. 1385 du même Code, tandis qu'ici je ne m'occupe que du propriétaire d'un bois dans lequel les lapins sont venus se réfugier par suite de leur instinct naturel.

21. Maintenue dans de certaines limites, la présence de ces lapins est un inconvénient sérieux pour le voisinage, mais elle devient un véritable fléau quand on tolère ou qu'on favorise leur incroyable pullulation.

Or, tant qu'il n'y a qu'un inconvénient, point d'action en justice, parce que là comme je l'ai dit, il y a une sorte de servitude de voisinage.

Mais lorsque la multiplication atteint la proportion d'un fléau, l'ordre public est menacé et chacun est intéressé à se plaindre.

22. Tel doit être, le point de départ juste et rationnel de la responsabilité du propriétaire d'un bois.

Et ici je ne saurais trop m'élever contre cette tendance bien marquée qu'ont plusieurs des tribunaux saisis de ces questions :

A leurs yeux, on est responsable tant qu'il y a des lapins dans un bois.

C'est là encore une erreur qui conduit, comme je l'ai démontré plus haut, à sacrifier les revenus de l'un pour augmenter ceux de l'autre.

C'est, en outre, méconnaître les véritables principes sur lesquels s'appuie l'action elle-même.

En effet, pour arriver à un tel résultat il faudrait viser l'art. 1385, et nous savons qu'il est inapplicable en pareille matière.

Quant à l'art. 1383, que dit-il ?

Il parle de *négligence.*

Or, qui peut dire que la présence d'un ou de plusieurs lapins dans un bois implique *ipso facto* la négligence du propriétaire de ce bois ? Où trouvera-t-on une loi qui lui impose l'obligation de détruire les animaux que leur propre nature et celle du bois y ont fait naître et demeurer ?

Il n'existe aucune disposition de ce genre.

23. Mais ce qui doit constituer la *faute* du propriétaire, c'est si, pour se ménager le plaisir de la chasse, il met des lapins dans un bois qui n'en avait pas antérieurement ; ce qui constitue sa *négligence*, c'est si, dans un autre bois qui n'en contenait qu'un certain nombre, il laisse ces animaux se multiplier à l'infini.

Ce principe a été consacré par la Cour de cassation dans les nombreux arrêts rapportés ci-après.

Nous avons donc maintenant à nous demander quels seront les actes qui, en thèse générale, peuvent être considérés comme exclusifs de toute négligence de la part du propriétaire ; ici encore, nous trouvons une grande divergence dans la jurisprudence.

24. Avant tout il est bien entendu que toute responsabilité du propriétaire s'évanouit, quand il accorde aux voisins la permission de pénétrer, *sans restriction aucune*, dans son bois et d'y organiser, comme bon leur semble, la destruction des lapins.

Mais il est rare que les propriétaires donnent une

autorisation aussi large. Une concession de ce genre présente, en effet, des inconvénients sérieux, car sous prétexte de poursuivre le lapin on peut s'emparer de tout autre gibier; et, d'un autre côté, un bois livré à une cohorte de chasseurs improvisés peut être l'objet d'une dévastation très-préjudiciable[1].

25. Plaçons-nous donc dans l'hypothèse la plus fréquente, celle où un propriétaire est mis en demeure de faire cesser les incursions des lapins sur le domaine du voisin.

Ici qu'on nous permette une nouvelle observation :

Exiger une destruction complète des lapins serait non-seulement demander une chose contraire aux principes, mais ce serait encore vouloir une chose matériellement impossible.

Le tribunal civil de Corbeil l'a fort bien reconnu dans son jugement du 9 décembre 1846, quand il dit :

« Attendu que quelques moyens actifs que l'on « emploie pour empêcher les lapins de se propager, « il faut reconnaître, il est vrai, qu'il n'est pas pos- « sible de parvenir à les faire disparaître totalement « des bois et forêts, et que les propriétaires et exploi- « tants des terres contiguës doivent toujours s'at-

[1] Voir ci-après le jugement du tribunal de paix de Langeais.

« tendre à souffrir plus ou moins de l'excursion de « ces animaux [1]. »

26. Quels sont donc les moyens qu'il suffira d'employer!

En première ligne, je place les *traques* ou *battues* faites de temps à autre par plusieurs personnes. Il est rare que, dans ces sortes de chasses, on n'arrive pas à immoler un grand nombre de lapins. Poussés en avant par les rabatteurs, ils fuient avec rapidité et viennent droit sur la ligne des tireurs.

27. Le propriétaire du bois fera bien d'annoncer à l'avance ces battues, et d'y inviter les personnes qui se plaignent du dégât causé par le gibier; mais il n'est pas rare de voir ces mêmes personnes refuser une semblable invitation, d'abord parce qu'elles craignent de compromettre leurs droits éventuels, et ensuite parce qu'elles n'aiment guère chasser ainsi en compagnie réglée. Si le propriétaire du bois permettait de tirer à l'aventure un lièvre ou d'abattre un faisan, on accourrait vite, mais le lapin ne vaut pas qu'on se dérange. Force sera donc au maître du bois de faire la besogne, lui et ses amis.

28. Et à propos d'amis, j'ai vu s'élever une singulière objection devant un juge de paix. On récla-

[1] Voir également, p. 99, le jugement du tribunal de paix de Rozoy.

mait au locataire de la chasse d'un bois des indemnités pour dommages aux récoltes. Ce locataire opposait les nombreuses battues qu'il avait organisées à ses frais et il demandait à faire entendre plusieurs personnes qui y avaient pris part.

Nous ne contestons pas, lui répondait-on, que vous ayez fait faire des battues, nous reconnaissons même que beaucoup de chasseurs y ont assisté et qu'un grand nombre de victimes est resté sur le terrain, mais c'était pour votre plaisir que vous chassiez, vous et vos amis, et non pas dans l'intention unique de détruire les lapins, puisque vous tiriez encore sur d'autres pièces de gibier.

J'avoue qu'une telle objection m'a profondément étonné.

Vous vous plaignez, de quoi? Des dégâts causés par des lapins que vous soutenez être en trop grande quantité dans mon bois.

J'ai à vous prouver, quoi?

Que je n'ai rien fait pour les attirer ou les conserver, et, qu'au contraire, j'ai fait en sorte d'en diminuer le nombre. Maintenant que vous importe, que ce soit en m'amusant ou en m'ennuyant que je me livre à cette destruction, pourvu qu'elle existe réellement et qu'à la fin de chacune de mes chasses je vous établisse que je n'ai point épargné les hôtes incommodes pour le voisinage !

Ne serait-il pas vraiment singulier de faire un grief au locataire d'une chasse de ce que, après avoir tué un lapin, il tire sur un lièvre?

En vérité, une telle objection ne mérite pas d'être sérieusement réfutée.

29. Le premier soin du propriétaire d'un bois sera donc d'organiser des battues, d'y inviter les voisins, et de faire constater par une personne ayant quelque autorité le nombre de lapins tués chaque fois.

30. Après les battues, un excellent moyen de détruire les lapins est le furetage; et il ne faudra pas négliger de l'employer, si le résulltat des battues n'est pas satisfaisant. Mais pour que le furetage soit véritablement efficace, il faut se servir de *bourses*, autrement le lapin aura bien des chances de fuir et d'éviter le coup de fusil.

31. Maintenant que doit-on faire à l'égard des terriers?

Quelques tribunaux vont jusqu'à condamner le propriétaire d'un bois tant qu'il y a trace de terriers.

C'est là, à mon point de vue, une exagération manifeste.

Je sais bien que le défoncement des terriers est le remède le plus énergique et le plus efficace pour arriver à la destruction totale des lapins. Mais alors, obliger les propriétaires d'un bois à défoncer *tous* les terriers, c'est arriver encore à cette conséquence que j'ai combattue plus haut.

Du reste, la Cour de cassation semble admettre implicitement ce principe dans son arrêt du 2 janvier 1839, où elle ratifie la condamnation prononcée contre un propriétaire par le motif qu'il y avait dans le bois une *multitude de terriers*, dont l'*étendue* et l'*ancienneté* annonçaient l'intention formelle de conserver des lapins.

Si donc il n'y avait pas eu *multitude*, elle n'eût pas jugé de même. Il est vrai que dans un autre arrêt (23 novembre 1846) la même Cour reproche à un propriétaire d'avoir conservé des terriers, d'avoir ainsi ménagé des demeures permanentes aux lapins, et de ne pas les avoir laissés à l'état de gibier proprement dit errant et vaguant sans se fixer nulle part et se posant à la surface du sol.

Mais ici la Cour de cassation me paraît ne pas s'être bien rendu compte des habitudes du lapin. Sans terriers, il ne peut vivre dans un bois, et à moins d'arriver à une destruction complète, il suffira de quelques lapins pour les voir se creuser immédiatement une retraite dans ce que le bon La Fontaine appelle *les souterrains séjours*.

32. Ce que je dis des terriers, je le dis également des buissons, *herbages* et *broussailles*.

Je n'admets pas en principe qu'un propriétaire

de bois soit condamné parce qu'il aurait négligé d'enlever ces herbages, lors même qu'ils serviraient de refuge aux lapins; mais, s'il était établi en fait que ces buissons, herbages ou broussailles ont été *ménagés tout exprès* pour les y attirer, je conclurais à la responsabilité, ainsi que l'a décidé la Cour de cassation, le 7 mars 1849.

A ce sujet, il me revient à l'esprit une question qui n'est pas sans difficulté. La voici :

33. Le propriétaire d'un bois y fait établir des terriers artificiels et des buttes pour y entretenir des lapins et se donner ainsi le plaisir de les chasser. Quelques années après, ces animaux ont pullulé dans des proportions inquiétantes pour le voisinage, et le maître du bois, voyant qu'il s'expose à de nombreux procès, démolit tout ce qu'il avait fait édifier et cherche à détruire le plus qu'il peut.

En présence de cette nouvelle attitude, sera-t-il responsable et pourra-t-on lui dire, les lapins qui nous infestent proviennent de ceux que vous avez attirés : *nati natorum et qui nascentur ab illis ?*

34. Ici je ferai une distinction : Si, dans le principe, il n'y avait pas trace de lapin dans le bois, il faudra que le propriétaire arrive à une destruction complète, radicale, afin de remettre les choses dans leur état primitif, mais s'il n'a fait qu'accroître temporairement le nombre des lapins, il cessera d'être responsable le jour où il ne favorisera plus leur multiplication.

35. Comme on le voit, et comme au surplus je l'ai déjà fait observer, les circonstances de la cause joueront donc un grand rôle dans ces sortes d'affaires, et dès lors il importe aux propriétaires de ne point oublier de faire constater tous les actes qui peuvent venir à la décharge de leur responsabilité, car bien que la preuve de la négligence incombe à la partie plaignante, il n'en est pas moins utile de pouvoir établir soi-même qu'on n'a à encourir aucun reproche à cet égard.

36. Une fois le principe de la responsabilité admis contre le propriétaire d'un bois ou le locataire du droit de chasse, il reste à examiner la nature et l'importance du préjudice causé, et cette seconde phase du procès n'est pas moins importante que la première.

Par qui et comment cette constatation sera-t-elle faite?

Merlin, dans son *Répertoire de jurisprudence* (v° *Gibier*, § 11), examinant la question de savoir si les procès-verbaux dressés par un garde champêtre, à l'insu du propriétaire d'un bois, peuvent faire foi en pareille circonstance, se prononce pour la négative. C'est aussi mon opinion. En effet, les gardes champêtres n'ont point qualité pour faire *officielle-*

ment de telles constatations, puisqu'il n'y a pas délit; dès lors leurs procès-verbaux ne peuvent faire foi en justice.

D'ailleurs, il y a un autre motif pour le décider ainsi. C'est que la procédure à suivre en pareille matière est déterminée, à l'avance, par une tradition qui a force de loi.

37. En effet, par arrêt du Parlement de Paris, en date du 21 juillet 1778, arrêt qui, suivant moi, n'est pas tombé en désuétude, il a été ordonné que « les « propriétaires ou fermiers qui auraient des deman- « des à former pour constater le dégât causé par le « gibier, etc., seraient tenus de se pourvoir devant « les juges des lieux pour faire procéder par experts, « en *présence des parties* intéressées ou elles dûment « appelées, à trois visites des terres prétendues « endommagées, » etc., etc [1].

Or le Parlement avait été amené à rendre cette décision précisément par la difficulté qu'éprouvaient les juges à statuer en connaissance de cause. Il arrivait déjà à cette époque ce qui se présente bien plus souvent aujourd'hui, c'est que des cultivateurs mettaient sur le compte des lapins ce qui était tout simplement le résultat d'un mauvais ensemencement ou des intempéries de la saison.

[1] Voir page 54.

Il y a plus, j'en ai connu qui laissaient bel et bien leurs moutons paître dans certaines pièces de luzerne, et quand les récoltes étaient suffisamment ravagées, ils attaquaient le propriétaire du bois voisin. D'autres, au lieu d'ensemencer convenablement et de jeter du bon grain dans les sillons à proximité des bois, ne lançaient qu'une sorte d'épluchure ne pouvant donner aucun résultat.

D'autres enfin, poussant la ruse à un degré vraiment incroyable, ne craignaient pas d'aller, la veille du jour où une expertise devait avoir lieu, semer sur la lisière de leurs terres et du bois du *repaire* de lapins qui, aux yeux des experts, devait être une preuve irrécusable par suite de cet axiome : il n'y a pas de fumée sans feu.

De telles manœuvres constituent de véritables escroqueries.

38. Il est donc de la dernière importance pour le propriétaire d'un bois de suivre avec soin les trois expertises, et dans le cas où elles n'auraient pas eu lieu, conformément à l'arrêté de 1778, je n'hésite pas à dire que la demande du cultivateur devrait être considérée comme non recevable.

39. Il est un autre point dont le propriétaire doit également se préoccuper, c'est le choix des experts. Le plus souvent il arrive que certains magistrats nomment des cultivateurs en exercice ou des culti-

vateurs retirés. Or, sans vouloir aller jusqu'à dire que de tels experts oublieront aisément le serment qu'ils auront prêté, il y a cependant lieu de croire qu'ils pourront avoir une idée préconçue contre les propriétaires de bois en général et les chasseurs en particulier, et qu'il y aura, de leur part, une certaine facilité à admettre les prétentions de leurs confrères en culture.

Quant à moi, si j'avais à juger de semblables affaires et à ordonner une expertise, je sauvegarderais à l'avance les intérêts de tout le monde, en désignant comme arbitres un cultivateur, un propriétaire-chasseur et une troisième personne n'étant ni l'un ni l'autre. De cette façon, la vérité, j'en suis convaincu, arriverait jusqu'à moi sans exagération aucune.

40. Examinons, à présent, une question qui s'applique aussi bien aux lapins qu'à tout autre gibier, du moment qu'on admet la responsabilité. C'est celle de savoir quelle sera la situation du possesseur d'un bois touchant d'un côté à des terres et de l'autre côté à des bois plus étendus appartenant à autrui? Quelques efforts qu'il fasse, il ne pourra empêcher le gibier peuplant ces bois de traverser le sien pour aller ravager les récoltes.

En pareille circonstance, si une action est dirigée contre lui, il mettra en cause les propriétaires des autres bois et il prouvera que, personnellement, il n'a rien fait pour attirer ce gibier dans la partie qu'il possède.

41. Ordinairement les procès de ce genre sont intentés par des personnes qui n'ont aucun lien d'intérêt particulier avec celles qu'elles attaquent.

Cependant, il est arrivé quelquefois, qu'un fermier à qui le bail *interdisait le droit de chasse*, a actionné son propriétaire à raison des dégâts commis sur les terres louées par du gibier sorti d'un bois voisin, appartenant également au bailleur.

42. Une telle action est-elle recevable?

Oui, si on ne l'a fonde pas sur l'art. 1719 du Code Napoléon, qui oblige le bailleur à faire jouir paisiblement le preneur.

En effet, ainsi que l'a fort bien démontré M. Loiseau (Dalloz, *Recueil périod.*, 1843. 3. 209), la réserve du droit de chasse, quelle qu'en soit la portée, ne saurait avoir pour résultat d'empêcher le fermier de *détruire* le gibier qui viendrait ravager ses récoltes. Cette faculté rentre dans le droit de légitime défense.

Ainsi donc, sur les terres louées, le fermier pourra tendre des collets à l'époque des récoltes, et il ne commettra point de délit de chasse. (Paris, 21 août 1840.) Mais il n'en serait plus de même, s'il s'introduisait sans autorisation dans le bois qui ne fait point partie de sa location.

Ici nous rentrons dans le droit commun, et nous revenons naturellement à l'art. 1383.

Il faut donc faire abstraction de la qualité du bailleur, et de celle de preneur, et ne voir qu'un cultivateur se plaignant de la négligence du propriétaire d'un bois.

C'est ainsi que le tribunal civil de la Seine paraît avoir résolu la difficulté dans son jugement du 27 janvier 1843. Il n'a point, ainsi que l'a cru M. Loiseau, condamné le propriétaire, par ce fait seul qu'il y avait réserve à son profit du droit de chasse; il a au contraire posé tout d'abord, en droit, les principes tirés des art. 1382, 1383 et 1384 du Code Napoléon, et ce n'est que dans l'appréciation du fait de la cause, qu'il a visé cette circonstance de la réserve du droit de chasse.

43. C'est également en se plaçant à ce point de vue, que le tribunal de Rambouillet a résolu la question de savoir si les dégâts commis par le gibier, notamment par les lapins, constituent un *des cas fortuits*, mis par le bail à la charge du fermier?

Il a décidé, avec raison, que les faits calamiteux n'étaient des *cas fortuits*, qu'autant que la prudence humaine ne pouvait les prévoir ou les empêcher, et que d'ailleurs, les conventions stipulées dans un bail n'étaient applicables que dans le cas où les parties agissaient en qualité de bailleur ou de preneur; mais non, lorsque le fermier agissait contre son propriétaire à un autre titre, au nom et comme possesseur d'une propriété voisine.

Il est donc bien entendu qu'un fermier pourra actionner son propriétaire, quand celui-ci possédera des bois contigus aux terres; mais que cette action sera soumise aux principes de droit commun, et que dès lors le demandeur sera obligé de prouver qu'il y a eu faute de la part du défendeur.

Il peut arriver aussi que dans les stipulations d'un bail, un fermier renonce d'avance à tout recours contre son propriétaire, au sujet des dégâts causés par le gibier sorti d'un bois non compris dans la location.

Une telle clause est-elle valable?

Le tribunal de Corbeil (14 février 1855) et la cour de Paris (13 juillet 1855) ont jugé qu'en pareil cas, les parties dérogent d'une manière formelle au droit commun, et se font une loi particulière qui, aux termes de l'art. 1134 du Code Nap. les oblige.

44. Quant aux dégâts que commettrait le gibier existant sur les terres mêmes, objet de la location, aucune action ne pourra être intentée, lors même que le droit de chasse serait enlevé au fermier. Nous

en avons donné plus haut les raisons; inutile d'y revenir.

Les relations de locateurs à locataires nous conduisent encore à une autre question beaucoup plus délicate.

45. Ordinairement quand on loue ou qu'on met en adjudication la chasse d'un bois, on impose aux locataires ou adjudicataires, l'obligation de supporter les conséquences du préjudice causé aux voisins et aux locateurs eux-mêmes par le gibier ;

Qu'on soit tenu de répondre aux actions des voisins, rien de plus naturel ; mais qu'on accepte une responsabilité vis-à-vis de celui qui loue sa chasse, voilà ce qui m'a toujours paru exorbitant.

Comment admettre, en effet, que d'une part on spécule sur la présence du gibier, en louant fort cher le droit de le tuer, et que d'autre part on tende encore la main pour demander la réparation d'un dommage causé par quoi ? par ce même gibier.

Comment concilier ces deux idées? Sans gibier, point de préjudice ; mais aussi sans gibier, point de chasse.

Est-ce que le propriétaire d'un bois, qui loue sa chasse à autrui, peut exiger de son locataire la destruction complète du gibier ? Mais si le locataire agissait ainsi, le bailleur s'en plaindrait bien vite, car il n'y aurait plus de location possible pour l'avenir.

Et d'un autre côté, peut-il dire raisonnablement que, s'il n'avait pas loué sa chasse, il eût, pour protéger son taillis, fait disparaître le gibier? Mais alors il aurait eu en moins le revenu de la chasse.

Cependant, si tel est le contrat, comme après tout, il doit faire la loi des parties, il faudra bien l'exécuter; mais les tribunaux devront, en pareil cas, se montrer plus difficiles à admettre les réclamations. Et si, par exemple, le cahier des charges porte l'obligation de *détruire les lapins*, il faudra décider, comme l'a fait le tribunal civil de la Seine, le 14 avril 1852, « qu'il ne s'agit pas pour les ad- « judicataires d'une destruction totale des lapins, « partie importante du gibier, ce qui se concilierait « difficilement avec le loyer payé pour le droit de « chasse, mais seulement *d'une destruction de na- « ture à empêcher la trop grande multiplication de « ces animaux.* »

46. Cette clause, qui a pour effet de rendre le locataire de la chasse responsable des dégâts vis-à-vis des riverains, doit-elle s'entendre en ce sens, qu'il suffira qu'il y ait dommage pour qu'une indemnité soit payée, ou bien le locataire de la chasse aura-t-il le droit de défendre à l'action des riverains, comme l'aurait pu faire le propriétaire même?

Cette difficulté s'est présentée devant le tribunal civil de Rouen qui, par jugement du 23 juin 1858, a décidé qu'une telle clause était surtout stipulée dans l'intérêt du bailleur, mais que le locataire était fondé à opposer à l'action du réclamant tous les moyens dont le propriétaire eût pu se prévaloir.

Je ne puis qu'approuver une telle solution.

47. Dans certaines contrées, la chasse au bois n'étant point gardée, tous les habitants peuvent s'y livrer. Or, je suppose que l'un d'eux, pour augmenter le gibier, mette des lapins dans un bois qui ne lui appartient pas et que ces lapins, venant à pulluler, inquiètent le voisinage; qui est-ce qui sera responsable? Evidemment, ce ne sera pas le propriétaire du bois, puisqu'il n'a rien à se reprocher. Ce sera l'individu qui aura mis les lapins. A lui incombera l'obligation de les détruire ou de payer les indemnités. Peu importe qu'il n'ait aucun droit de propriété sur le bois, puisque en réalité ce n'est pas tant comme propriétaire que comme auteur d'un fait dommageable que le défendeur est actionné en pareille circonstance.

47 *bis*. Il me reste à examiner une dernière question fort délicate.

Le cultivateur qui sème auprès d'un bois une nature de grain susceptible d'attirer, plus que toute autre, les lapins, doit-il être, dans une certaine limite, taxé d'imprudence, et doit-on dès lors restreindre l'indemnité à laquelle il pourrait avoir droit ?

Le tribunal de Corbeil s'est prononcé dans ce sens par jugement du 30 août 1855.

Cette décision a été, de la part de M. Agnel, l'objet d'une vive critique dans l'*Echo agricole* du 29 avril 1856.

« Les termes du jugement, dit-il, violent d'une « manière manifeste le texte de l'article 544 du Code « Nap. et celui de l'article 2 du décret des 28 « septembre et 6 octobre 1791...

« Cet article porte : « Les propriétaires sont libres « de varier à leur gré la culture et l'exploitation de « leurs terres, de conserver à leur gré leurs récoltes « et disposer de toutes les productions de leur pro- « priété dans l'intérieur du royaume et au dehors « sans préjudicier au droit d'autrui et en se confor- « mant aux lois.

« Or, pour n'examiner le droit de propriété qu'en « ce qui touche, de la part du maître d'un fonds, la « liberté d'en varier à son gré la culture et l'exploi- « tation, nous dirons qu'aucune loi n'est venue, par « des dispositions spéciales, modifier le principe « qui consacre cette liberté absolue. Ce texte con- « serve donc toute sa vigueur, et l'article 544 du « Code Nap., en proclamant pour chacun le « droit de jouir et de disposer de sa chose comme il

« lui plaît, prête encore à cet article de la loi de « 1791 une force nouvelle. En présence de dispositions aussi formelles, que dire de ce motif du jugement qui reproche au fermier de cultiver dans « des terres voisines d'une forêt une nature de récolte dont le gibier est très-avide? N'est-ce pas « là la négation flagrante du principe de liberté « édicté par la loi de 1791 et reconnu par le Code « Nap.? »

Je ne serai pas aussi radical que M. Agnel, et tout en reconnaissant la justesse de ses observations en principe, j'admets qu'il pourra y avoir quelquefois des exceptions. Ainsi, par exemple, si le long d'un bois rempli de faisans, un fermier semait du sarrasin, il est certain qu'il devrait s'attendre à le voir quelque peu saccager. C'est même là une de ces tactiques qu'on emploie trop souvent pour s'emparer des faisans du voisin.

Il est également certain que si, alors que rien ne le commande, on cultive une sorte de production dont le lapin est réputé fort avide, il y aura eu imprévoyance de le faire à côté d'un bois susceptible d'avoir des lapins.

Mais si, en cultivant ses terres, le fermier n'a fait que suivre les usages du pays ou ceux des assolements, on ne pourra lui adresser aucun reproche, et s'il y a eu faute de la part du propriétaire voisin, il devra être indemnisé sans aucune restriction. Le tribunal de Corbeil ne s'est point expliqué sur le mode de culture qui avait été adopté dans l'espèce soumise à son appréciation ; mais il est probable qu'il s'agissait d'une nature de récolte pouvant être facilement remplacée par une autre.

C'est donc plutôt dans les circonstances de la cause que dans les principes rigoureux du droit qu'on devra trouver la solution d'une telle question.

CHAPITRE TROISIÈME.

Le Lièvre.

48. Les condamnations nombreuses qu'a motivées contre les propriétaires de bois et forêts la présence des lapins se basent surtout sur un fait qui ne peut être mis en doute, c'est que le lapin est sédentaire, qu'il fréquente presque toujours les mêmes terriers et qu'il ne les quitte la nuit que pour y revenir le jour ; ce qui faisait dire à un vieil auteur que ces animaux sont comme en la puissance du propriétaire auquel appartient le buisson ou le terrier, à cause de l'*habitude et accoutumance* qu'ils ont prise de retourner au même gîte [1].

[1] Lalande, sur l'art. 167 de la Coutume d'Orléans.

49. Mais que décider à l'égard des *lièvres?* Eux aussi ils ont amené bien des condamnations, et pourtant, il s'en faut de beaucoup qu'on puisse s'appuyer sur les mêmes considérations. Quelques tribunaux (Beauvais, Corbeil, Justice de paix de Boissy-Saint-Léger et la Cour de cassation elle-même, en rejetant un pourvoi formé contre un jugement du tribunal de Senlis) ont proclamé qu'il n'y avait aucune raison de distinguer entre les *lièvres* et les *lapins*.

D'autres, au contraire (Nogent-sur-Seine, Tribunal et Justice de paix de Fontainebleau), ont établi, à cet égard, une différence essentielle.

50. Je n'hésite pas à partager cette dernière opinion.

En effet, ainsi qu'on l'a dit bien des fois, les lièvres n'ont pas les mêmes habitudes que les lapins. Les bois ne sont pas leur séjour de prédilection, et ils préfèrent de beaucoup la plaine. « Le fourré est « une demeure peu tranquille et peu sûre pour « l'animal craintif qui entend des ennemis partout, « pour qui le moindre bruissement du vent à tra- « vers la feuillée est un sujet d'alarme[1], » en telle sorte, qu'à vrai dire, on pourrait se demander qui de la plaine ou du bois communique les lièvres à

[1] Toussenel, *L'Esprit des Bêtes*, page 308.

l'autre ? Mais, au surplus, il est une chose certaine, c'est que le lièvre est loin d'être casanier comme le lapin, et qu'on le tient, au contraire, pour être essentiellement nomade. Aussi ne pourrait-on dire de lui qu'il est comme en la puissance du propriétaire du bois où il se trouve momentanément. Comment donc alors ce propriétaire deviendrait-il responsable des faits et gestes d'un animal qui aujourd'hui est ici, et qui, demain, sera là-bas ?

Ce serait là encore une exagération manifeste et une fausse application des véritables principes.

51. Cependant, je le reconnais, il pourra se produire certains cas où cette responsabilité sera encourue. Ainsi, lorsque le propriétaire d'un bois aura, dans le but de se procurer une chasse plus giboyeuse, *fait lâcher* dans son domaine une certaine quantité de lièvres, et que, nonobstant les réclamations des voisins, il ne consentira pas à les faire détruire, il y aura là, de sa part, un fait qui pourra légitimer une action contre lui.

C'est, du reste, dans des circonstances analogues qu'ont été rendues, comme on le verra plus loin, les décisions qui n'ont admis aucune distinction entre les lièvres et les lapins.

Mais, en dehors de cette hypothèse, le propriétaire d'un bois ne saurait être responsable des dégâts commis par des lièvres qu'il n'a point attirés chez lui, et qu'il n'est ni obligé de les détruire, ni forcé de laisser ses voisins venir dans son bois opérer eux-mêmes cette destruction.

CHAPITRE QUATRIÈME.

Le Sanglier.

52. Ce que je viens de dire au sujet du *lièvre*, je le maintiens pour le *sanglier*. Cependant, là encore, il y a eu divergence dans la jurisprudence.

Ainsi, tandis que le juge de paix du canton de Premery décidait, le 8 octobre 1860, que *jamais* on ne pouvait être responsable des dégâts commis par des sangliers, celui de Ribécourt admettait le contraire par jugement du 25 mai 1860.

Ces deux décisions ont été, dans le *Journal des Chasseurs*[1], l'occasion d'une polémique à laquelle j'ai pris part en combattant le principe trop exclusif adopté à Premery.

53. Néanmoins, je n'admets la responsabilité du propriétaire d'un bois à l'égard des sangliers, que dans des cas tellement exceptionnels, que je serais

1 25e année, 1er sem., pages 217 à 223, 251 357, 296 à 298.

peut-être plus tenté de la repousser complétement que de l'étendre d'une façon inconsidérée.

La raison en est simple :

« Le sanglier, comme l'a fait observer un auteur, « aussi bon jurisconsulte que fort chasseur [1], n'est « point un animal sédentaire. Si quelque vieux « solitaire, si quelque laie sur le point de mettre bas « se construisent une bauge, voire une bauge cou- « verte, ce n'est là qu'un asile momentané qu'ils « abandonneront aussitôt que le temps changera ou « que le pays leur offrira des mangeures moins « abondantes.....

« On n'amène pas des sangliers dans un bois « comme on y lâche des lapins ; s'ils y viennent, « c'est spontanément ; s'ils y restent, c'est que le « pays leur plaît, mais on ne peut pas les y retenir. « La disposition de telle localité plus favorable à « leur propagation est un fait naturel qui ne dé- « pend pas de la volonté du propriétaire, il ne peut « donc être responsable. »

54. Indépendamment de ces considérations si judicieuses, il en est deux autres qui ne sont pas moins déterminantes. La première, c'est que le sanglier est une *bête fauve* et qu'à ce titre il peut être en tout temps repoussé même avec des armes à feu

1 M. Joseph Lavallée (*Journal des Chasseurs*, 25e ann., 1er sem., page 255.

par les fermiers quand il vient faire irruption sur leurs terres.

La seconde, c'est qu'à supposer qu'un bois renferme des sangliers, l'administration, sur la plainte des parties intéressées, peut et doit organiser les battues prévues et autorisées par l'arrêté du 19 pluviôse an V (7 février 1797.)

55. — Je sais qu'ici peut se produire une objection. On dit : Mais il suffit d'une nuit pour amener la dévastation complète d'un champ, et la présence des sangliers se révèle quelquefois de la façon la plus inattendue.

A cette objection, je réponds par le dilemme suivant :

Ou le bois renfermait précédemment des sangliers, à la connaissance de tous, et alors vous, cultivateurs, vous avez à vous imputer de ne point avoir requis de l'autorité administrative les battues dont parle l'arrêté du 19 pluviôse an V ; ou personne, pas même le propriétaire, ne pouvait soupçonner la présence de ces animaux dans le bois, et alors il y a là un cas fortuit, un fait de force majeure, ne pouvant engendrer la moindre responsabilité de la part du propriétaire.

56. — Néanmoins, il est, je l'ai dit, quelques cas tout à fait exceptionnels où j'admettrais cette responsabilité : C'est si, par exemple, le propriétaire

d'un bois s'étant chargé officieusement de faire, lui et ses amis, des battues, n'accomplissait cette œuvre que d'une manière imparfaite, notamment s'il ne tuait pas les *laies*, afin de se ménager le plaisir de chasser plus tard ragots et marcassins. Il y aurait là une sorte de négligence dont on pourrait lui demander compte, et c'est dans ce sens que s'est prononcé le tribunal de Laon, par jugement rendu le 28 juillet 1858.

57.—Toutefois, une telle condamnation ne devrait être prononcée que lorsque le propriétaire a reçu les plaintes des voisins et qu'il s'est en quelque sorte substitué aux obligations de l'autorité administrative. Autrement, comme il n'existe aucune loi qui le force à purger son bois des sangliers qui s'y trouvent, on ne pourrait lui reprocher de n'avoir fait qu'à demi ce qu'il pouvait ne pas faire du tout.

CHAPITRE CINQUIÈME.

Cerfs et Biches.

58.—Les cerfs et les biches sont-ils des animaux *nomades* comme l'a pensé M. le Juge de paix de

Langeais, le 11 janvier 1861, ou sont-ils *sédentaires*, comme l'a jugé le tribunal de Rouen, le 23 juin 1858? C'est là une question digne de l'attention des veneurs les plus expérimentés. Cependant, je suis porté à croire que le tribunal de Rouen était plus près de la vérité quand il disait que lors même que les biches sortent de la forêt à une certaine époque, elles y reviennent *presque toujours*.

Au surplus l'éclaircissement de ce point, controversé en jurisprudence, n'est pas absolument indispensable pour la solution de la difficulté relative à la responsabilité des propriétaires de bois ou forêts.

En effet, je raisonnerai pour les cerfs et les biches, non plus comme pour les sangliers, parce qu'ils ne sont pas virtuellement, ainsi que ces derniers, rangés au nombre des animaux au sujet desquels l'arrêté de pluviôse an V autorise des battues, mais comme pour les lièvres, et je dirai :

Si le propriétaire d'un bois y fait élever des cerfs et des biches pour le plaisir de la chasse, il devra en détruire un certain nombre quand il aura reconnu que le voisinage en souffre. Si, au contraire, il n'a rien fait pour attirer ces animaux, le cultivateur n'aura d'autre droit que de les détruire sur ses propres terres quand il les y trouvera.

Dans la cause soumise à la Cour de Rouen, il s'agissait d'un adjudicataire du *droit de chasse* dans la forêt de Roumare, auquel on avait imposé l'obligation de ne point laisser le gibier se trop multiplier. On comprend dès lors qu'une action en responsabilité ait pu être spécialement dirigée contre lui. Aussi la Cour a-t-elle relevé ce fait particulier que, s'étant chargé lui-même de faire des battues, cet adjudicataire avait épargné les biches. C'était là, en effet, une circonstance qui démontrait qu'il avait été surtout dominé par l'idée de se conserver du gibier outre mesure.

59. Cette difficulté relative aux cerfs, biches et chevreuils nous conduit à nous demander si on peut considérer la *chasse à courre* comme un moyen suffisant de destruction? Je n'hésite pas à me prononcer pour l'affirmative.

Bien conduite, elle mène a des résultats souvent plus certains que la *chasse à tir*, où la bête peut passer loin des tireurs et échapper ainsi à leurs coups. Sans doute, avec la chasse à courre on n'obtient la plupart du temps que la destruction d'un animal à la fois; mais répétée toutes les semaines, elle finit par diminuer sensiblement le nombre des cerfs ou biches dont on a à se plaindre, et qui, il faut le reconnaître, ne pullulent pas comme les lapins.

Ce que je dis de la chasse à courre ne s'applique évidemment qu'à la grosse bête, et non point, par exemple, au lièvre. En effet, cette chasse à courre peut bien être, au point de vue cynégétique, ainsi que l'a proclamé Leverrier de La Conterie, la clef de toutes les chasses; mais il est évident qu'au point de vue de la destruction des lièvres, elle est moins féconde en résultats que la battue la plus vulgaire.

CHAPITRE SIXIÈME.

Renards, Blaireaux et autres animaux nuisibles et malfaisants.

60. Il a fallu réellement toute l'avidité des réclamants pour concevoir l'idée d'intenter un procès au sujet des ravages exercés par des *renards*, *blaireaux* et autres animaux de ce genre.

Le tribunal de Rouen (23 juin 1858) a fait bonne justice d'une pareille prétention, et, quant à moi, je n'aurais pas même signalé ce précédent, si je n'avais voulu montrer par là jusqu'où l'on pourrait aller, si l'on n'appliquait, en pareilles circonstances, les vrais principes.

Aujourd'hui ce sont des renards, demain ce seront des loups; puis viendront les corbeaux, geais, pies, en un mot tout ce qui dans un bois pourrait apporter quelque trouble au voisin.

Que deviendrait donc l'arrêté de pluviôse an V?

Ici je m'arrête : sans doute il pourra se faire plus tard que des circonstances particulières fassent surgir d'autres questions se rattachant au sujet que je viens de traiter. Il est difficile, en effet, de tout prévoir. Mais je crois avoir passé en revue les hypothèses qui font le plus souvent l'objet des contestations entre cultivateurs et propriétaires de bois et forêts. J'ai cherché, sans parti pris et sans exagération aucune, à fixer les principes qui, suivant moi, doivent régir cette matière, et si j'ai pu, à cet égard, rendre quelque service aux parties intéressées, je me trouverai entièrement satisfait.

LÉGISLATION ET DOCTRINE

§ 1.

LÉGISLATION.

ORDONNANCE RENDUE PAR JEAN, ROI DE FRANCE,
(28 décembre 1355.)

Art. 13. Pour ce que les ditz maistres de noz eaues et forès, et aucuns autres de nostre royaume, ducs, contes, barons et autres nobles se sont efforcez et efforcent de jour en jour, de estendre et accroistre les garennes anciennes, et de faire et acquérir nouvelles *garennes*, parquoy l'en ne puet labourer proufitablement, mais demeurent les labourages à faire; et quand ils sont faiz, si sont il perduz et gastez : nous avons accordé et octroyé, accordons et octroyons que touz accroissemens de garennes anciennes, et les nostres mêmes, qui de nostre temps, au du temps de nostre très cher seigneur et père que Dieu absoille, seront faites et acquises, soient du tout mises au néent, et par ces présentes les ostons, mettons au néent, abatons du tout, et donnons congé et licence que chacun y puisse chacier, et prendre sanz amende aucune.

ORDONNANCE RENDUE PAR CHARLES, DUC DE NORMANDIE

(3 mars 1356).

. . .Octroyons que toutes *garennes* et accroissemens de garennes élevées depuis quarante ans soient du tout mises au néant, etc. etc.

ORDONNANCE, *dite Cabochienne*, RENDUE PAR CHARLES VI

(25 mai 1413).

Art. 242. Est vray que plusieurs seigneurs, de nouvel et puis quarante ans ença, par la grande force et puissance et par la faiblesse, povreté et simplesse de leurs subjets et voisins, ont fait et introduit nouvelles garennes et estendues les leurs anciennes, outre les anciens termes, en despeuplant le pays voisin des hommes et habitans, et le peuplant de bestes sauvages, parquoy les labourages et vignes de povres gens ont esté tellement dommagiez et gastez par icelles bestes sauvages, que icelles povres gens n'ont eu de quoy vivre et leur a convenu laisser leurs domiciles, qui est contre les ordonnances pieça faites par nos prédécesseurs, par lesquelles toutes nouvelles garennes ont esté défendues et les anciennes ramenées à leurs premiers termes; pourquoi nous avons ordonné et ordonnons que toutes nouvelles garennes faites depuis XL ans ença, soit les nostres ou autres, soient ostées, adnullées ou abbatues et icelles dès maintenant ostons, adnulons et abatons.

ORDONNANCE DE FRANÇOIS Ier SUR LE FAIT DES CHASSES

(mars 1515).

Art. XV. Entendons que les princes, seigneurs, gentils-hommes et autres de notre royaume ayant forests, buissons et *droicts de garennes*, useront en leursdites forests buissons, et garennes, sibon leur semble, du contenu et effet ès articles précédens; toutefois s'ils avoient quelques pactes, convenances ou autres droits et priviléges avec leurs hommes ou voisins, n'entendons à iceux aucunement déroger.

ODONNANCE DE LOUIS XIV

(août 1669).

Titre XXX, art XI. Les officiers de nos chasses seront tenus dans six mois après la publication des présentes de faire fouiller et renverser tous les terriers des lapins qui se trouveront dans nos forêts, à peine de cinq cents livres d'amende et de suspension de leurs charges pendant un an ; et au cas qu'ils y manquassent dans ce temps, enjoignons aux maîtres particuliers, leurs lieutenans, nos procureurs et aux officiers de nos maitrises de le faire incessamment ; et de prendre les lapins avec furets et poches, sous les mêmes peines.

Art. xix. Nul ne pourra établir *garenne* à l'avenir, s'il n'en a le droit par ses aveux et denombremens, possession ou autres titres suffisans, à peine de 500 livres d'amende, et en outre d'être la garenne détruite et ruinée à ses dépens.

ARRÊT DU CONSEIL D'ÉTAT

(21 janvier 1776).

Art. 1er. L'art. ii du titre 30 de l'ordonnance des eaux et forêts du mois d'août 1669 : ... sera exécuté selon sa forme et teneur.

Art. 2. Dans le cas où par l'inexécution de ce qui est porté par l'art. ci-dessus, les habitants des villages et communautés situés dans l'étendue des capitaineries éprouveront dans leurs récoltes des dégâts par les lapins, ils adresseront au sieur intendant et commissaire départi pour l'exécution des ordres de Sa Majesté une requête signée du syndic et des plus anciens et principaux d'entre eux, qui contiendra l'étendue et l'évaluation du dommage qu'ils souffrent.

Art. 3. Le sieur intendant fera procéder, sans frais, par un subdélégué ou par telle autre personne qu'il jugera à propos de commettre à la vérification, tant du dommage que de l'estimation qui en aura été faite par la requête, dont celui qui aura été commis délivrera, s'il y écheoit, son certificat au syndic.

Art. 4. Le syndic auquel il aura été délivré un certificat pourra requérir, au nom de sa communauté, l'exécution de l'art 1er du présent arrêt, dans le canton qui aura donné lieu aux dommages ; il pourra en conséquence demander aux officiers de la capitainerie, la permission, qui ne pourra être refusée, de s'y transporter aux jours qui leur seront indiqués au moins huit jours d'avance, avec le nombre suffisant de batteurs et ouvriers, pour procéder au *renversement des terriers* et *à la destruction des lapins*...

Art. 7. Si la destruction se fait dans des parties de bois qui, quoique situées dans les capitaineries, appartiennent à des particuliers, les propriétaires seront avertis du jour qui aura été indiqué, à l'effet de pouvoir s'y trouver, ou d'y envoyer leurs gardes ou autres personnes ayant pouvoir d'eux, pour veiller à la conservation de leurs bois...

Art. 16. Enjoint, Sa Majesté, aux officiers de ses chasses, de faire procéder à la destruction totale des lapins dans ses capitaineries, dans les plaines, dans les vignes, dans les remises et dans les bois isolés, d'une étendue moindre de cent arpents : et dans le cas où il s'en trouveroit dans lesdites plaines, vignes, remises et bois de petite étendue, sans qu'il soit nécessaire de justifier qu'ils aient causé un dégât notable, il sera permis aux propriétaires de terres et bois où sont les terriers, et à ceux des terres adjacentes, de procéder à leur *entière destruction*, en prenant préalablement la permission, qui ne pourra leur être refusée, des officiers de la capitainerie et en présence des gardes de ladite capitainerie.

ARRÊT DU PARLEMENT DE PARIS

QUI PRESCRIT TROIS VISITES DES TERRES PRÉTENDUES ENDOMMAGÉES PAR LE GIBIER

(21 juillet 1778).

Vu par la Cour, la requête présentée par le procureur général du roi, contenant que les dégâts, que les propriétaires ou fermiers prétendent en différents endroits, que le gibier et les bêtes fauves font aux productions de la terre, donnent lieu à des demandes sur lesquelles il est souvent difficile que les juges puissent statuer en règle, par la difficulté de pouvoir constater, au juste, le dommage qui a pu être fait, et la cause du dommage qui souvent naît de l'intempérie des saisons, du défaut de production, et provient aussi quelquefois de ce que les terres n'ont pas été bien cultivées et ensemencées, et comme il convient d'établir une règle fixe pour que les juges puissent prononcer en connoissance de cause ;

La Cour :

Ordonne que les propriétaires ou fermiers qui auront des demandes à former, pour constater le dégât causé par le gibier et les bêtes fauves aux grains ou vignes, seront tenus de se pourvoir devant les juges des eaux et forêts des lieux pour faire procéder par experts, en présence des parties intéressées ou elles dûment appelées, à trois visites des terres prétendues endommagées, lesquelles seront désignées par tenant et aboutissants ; que la première visite se fera dans les trois mois à compter du jour de la semence, sans cependant quelle puisse être faite au delà du mois de janvier ; que les experts par leur rapport seront tenus de déclarer la nature et la qualité du sol, et espèce de grains, de prendre les déclarations des propriétaires et habitans voisins, pour savoir si les terres prétendues endommagées ont été bien cultivées et ensemencées ; si les grains étaient bien pris et étaient bien venants; si le dommage a été fait par le gibier, son espèce, d'où il peut provenir et enfin l'étendue du terrain endommagé;

Que la seconde visite sera faite dans le courant des mois d'avril et de mai pour connoître l'état des grains, si le premier dommage a subsisté ou diminué, s'il y en a eu de nouveau et la cause du rétablissement, diminution ou augmention ;

Que la troisième visite sera faite lors de la maturité des grains et avant la récolte, pour constater ce que la partie endommagée auroit pu produire relativement aux terres voisines, et en estimer la valeur suivant les mercuriales des lieux, tant en grains que paille, à la déduction néanmoins des frais de récolte et de battage des grains ;

Ordonne qu'à l'égard des dégâts qui pourront être causés sur les terres ensemencées en menus grains, les propriétaires et fermiers seront tenus de le faire constater dans la même forme, sans être néanmoins astreints à faire procéder à trois visites, mais seulement à deux, l'une avant la Saint-Jean pour connoître la nature et qualité du sol, l'espèce de grains, le dommage, s'il a été causé par le gibier, l'espèce, et d'où il provient; et l'autre visite avant la récolte, pour estimer le dommage, dans la même forme que pour le blé ;

Ordonne que le présent arrêt sera imprimé et affiché partout où besoin sera, copie d'icelui envoyée aux sièges des maîtrises particulières des eaux et forêts et grueries, pour y être lu et publié, l'audience tenante, et registré au greffe desdits siéges.

Fait en Parlement, le 21 juillet 1778.

ARRÊT DU PARLEMENT DE PARIS

QUI PRESCRIT LES FORMALITÉS A OBSERVER POUR LE DOMMAGE QUI A PU ÊTRE FAIT PAR LE GIBIER DANS LES TERRES ENSEMENCÉES

(15 mai 1779).

La Cour ordonne que les propriétaires et les fermiers qui voudront se pourvoir pour dommages causés, soit par les lapins et bêtes fauves de chasse non royale, soit par les perdrix et lièvres, seront tenus de faire signifier, en tête de la demande qu'ils formeront en justice, dans les temps fixés par l'arrêt dudit jour 21 juillet 1778, contre le seigneur, dans le fief duquel seront situées les terres par eux possédées ou exploitées, un état détaillé du nombre des pièces de terres qu'ils auront labourées et ensemencées en blé ou menu grain et cultivées en vignes, tenants et aboutissants desdites pièces de terres, de leurs mesures, de la nature et qualité du sol de chacune, et de l'espèce de grain qui y aura été semée, avec l'indication du fief, dans l'étendue duquel lesdites pièces sont situées ; et que, dans leurs demandes, ils seront tenus de distinguer celles desdites pièces de terres qu'ils prétendront avoir été endommagées par le gibier ; ordonne que les seigneurs de fiefs ne pourront être assignés, pour procéder aux procès-verbeaux de nomination d'experts, de prestation de serment et de visite des lieux, qu'à leur domicile, et à un moindre délai que de huitaine, auquel sera ajouté un jour par dix lieues de la distance du domicile du seigneur du fief; ordonne que les parties plaignantes ne pourront nommer pour experts, à l'effet de procéder aux visites ordonnées par l'arrêt dudit jour 21 juillet, *aucuns propriétaires* de terres situées dans l'étendue de la paroisse où le dommage aura été fait, ni dans les paroisses circonvoisines, plus près que de la distance de trois lieues, *ni laboureurs*, demeurant dans lesdites paroisses et dans la même distance, lesquels experts sauront lire et écrire, et ne pourront, en aucuns cas, se faire assister d'un greffier de l'écritoire, ni d'aucun autre; mais seront tenus de rédiger eux-mêmes par écrit leurs procès-verbaux, et de les déposer, et affirmer véritables, dans les vingt-quatre heures de la clôture d'iceux, à peine de nullité; ordonne que les parties intéressées pourront assister par elles-mêmes aux visites des experts, si bon leur semble, ou par un fondé de procuration, autre qu'un procureur postulant, sans pouvoir être assistées, pour lesdites visites, de procureurs, auxquels il ne pourra être alloué en aucun cas, aucuns droits quelconques, pour vacations et assistances, sous quelque prétexte que ce puisse être; ordonne que, lors du premier des trois procès-verbaux de visite pour les terres ensemencées en bled, et des deux procès-verbaux pour les terres ensemencées en menus grains, les experts seront tenus de visiter, non-seulement les pièces de terre sur lesquelles la partie requérante prétendra avoir éprouvé du dommage, mais même toutes les pièces de terre par elle labourées, ensemencées et cultivées en la même nature, à l'effet de vérifier et de constater si elles ont été bien labourées, ensemencées et cultivées en temps et saison convenable, et si les grains y sont bien pris et bien levants ; et dans le cas où lesdites terres auroient été bien labourées, ensemencées et cultivées, et que les grains ne fussent pas bien pris, ni bien levants, les experts seront tenus de déclarer si cela ne provient pas de l'*intempérie des saisons*, des *gelées*, *séjour des eaux*, ou autres causes semblables ; ordonne que les propriétaires et fermiers qui ne se conformeront point à ce qui est prescrit par le présent arrêt *seront déchus de toute indemnité* et déclarés non *recevables dans leurs actions ;* comme aussi qu'il ne pourra être par eux formé aucune demande en indemnité pour dommage causé par les lapins et bêtes fauves de chasse non royale, de quelque nature qu'ils soient, s'il ne se trouve en *dommage notable*, eu égard à la totalité des terres ensemencées en la même nature de grains que ceux sur lesquels ledit dommage sera arrivé, et eu égard à la quantité générale des terres situées dans la mouvance des seigneurs contre lesquels l'action sera dirigée; ordonne que, quant aux dommages que les propriétaires et fermiers prétendront avoir été causés par les *perdrix* et les *lièvres*, il sera permis aux seigneurs des fiefs de faire faire une visite par des experts à ce connoissant, pour constater si, relativement à la quantité de terrain qu'ils possèdent, il y a de cette espèce de gibier *plus que le terrain ne peut en contenir ;* ordonne que, dans le cas où les états que les propriétaires et les fermiers seront tenus de signifier lors de leurs demandes ne seroient point exacts et sincères, soit quant au nombre, soit quant à la mesure, soit quant à la qualité et nature du sol, et où les plaintes ne seroient pas fondées, lesdits propriétaires et fermiers seront condamnés en 300 livres d'amende, en des dommages-intérêts envers les seigneurs des fiefs et en tous les frais ; ordonne que les propriétaires et laboureurs seront tenus de diriger leur action distinctement et séparément, sans pouvoir la former en nom collectif; leur fait défenses de faire entre eux aucunes associations pour faire constater et poursuivre à frais communs les dommages par eux prétendus soufferts, sous pareille peine de 300 livres d'amende, et d'être déclarés non recevables dans leurs demandes; fait défenses à toutes personnes, de quelque qualité et condition qu'elles soient, de solliciter et de provoquer les propriétaires et laboureurs pour les engager à demander des indemnités, à peine de 500 livres d'amende, même d'être poursuivis extraordinairement, suivant l'exigence des cas; ordonne au surplus que l'arrêt du 21 juillet 1778 sera exécuté, et que le présent arrêt sera imprimé, publié et affiché partout où besoin sera : copie d'icelui envoyée aux siéges des maîtrises particulières des eaux et forêts et grueries, pour y être lu, publié, l'audience tenante et registré aux greffes desdits siéges.

ARRÊTÉ CONCERNANT LA CHASSE DES ANIMAUX NUISIBLES,

19 pluviôse an V (7 février 1797).

Le directoire exécutif, sur le rapport du ministre des finances, considérant que son arrêté du 28 vendémiaire dernier, portant défense de chasser dans les forêts nationales, ne doit mettre aucun obtacle à l'exécution des règlements qui concernent la destruction des loups et autres animaux voraces ;

Que l'ordonnance de janvier 1583, art. 19, enjoint aux agents forestiers de rassembler un homme par feu de leur arrondissement, avec armes et chiens propres à la chasse aux loups, trois fois l'année, aux temps les plus commodes;

Que celles de 1600 et de 1601, ainsi que les arrêts du ci-devant conseil des 6 février 1697 et 14 janvier 1698, leur enjoignent de contraindre les sergents louvetiers à chasser aux loups, renards et autres animaux nuisibles, et de veiller à ce que cette chasse soit faite de trois mois en trois mois, ou plus souvent, suivant qu'il en sera besoin, par ceux qui avaient le droit exclusif de chasser dans leurs terres;

Arrête ce qui suit :

Art. 1er. L'arrêté du 28 vendémiaire dernier, relatif à la prohibition de chasser dans les forêts nationales, continuera d'être exécuté.

Art. 2. Néanmoins, il sera fait dans les forêts nationales et dans les campagnes, tous les trois mois et plus souvent s'il est nécessaire, des chasses et battues générales ou particulières aux loups, renards, blaireaux et autres animaux nuisibles.

Art. 3. Les chasses et battues seront ordonnées par les administrations centrales des départements, de concert avec les agents forestiers de leur arrondissement, sur la demande de ces derniers et sur celles des administrations municipales de canton.

Art. 4. Les battues ordonnées seront exécutées sous la direction et la surveillance des agents forestiers, qui régleront, de concert avec les administrations municipales de canton, le jour où elles se feront et le nombre d'hommes qui y seront appelés.

Art. 5. Les corps administratifs sont autorisés à permettre aux particuliers de leurs arrondissements qui ont des équipages et autres moyens pour ces chasses, de s'y livrer sous l'inspection et la surveillance des agents forestiers.

Art. 6. Il sera dressé procès-verbal de chaque battue, du nombre et de l'espèce des animaux qui auront été détruits ; un extrait en sera envoyé au ministre des finances.

Art. 7. Il lui sera également envoyé un état des animaux détruits par les chasses particulières mentionnées en l'art. 5 et même par les piéges tendus dans les campagnes, etc., etc.

---

§ 2.

DOCTRINE.

OPINION DE POTHIER SUR LE DROIT DE PROPRIÉTÉ.

Le droit de propriété est le droit de disposer à son gré d'une chose, *sans donner néanmoins atteinte au droit d'autrui*. Cela doit s'entendre non-seulement du droit actuel que d'autres y ont, mais encore du droit de ceux auxquels la chose doit passer un jour...

Cela s'entend aussi du droit des propriétaires et possesseurs des héritages voisins, auquel le propriétaire d'un héritage, quelque parfait que soit son droit de propriété, ne peut porter atteinte, ni par conséquent faire dans son héritage *ce que les obligations qui naissent du voisinage* ne lui permettent pas de faire dans son héritage *au préjudice de ses voisins*. (*Traité du droit de propriété*, n° 13.)

ARRÊT DE LA COUR DE BORDEAUX
du 30 janvier 1839.

Attendu que si un propriétaire peut user et même abuser de sa propriété, l'exercice qu'il fait de cette faculté est *limité au préjudice qui en résulte pour ses voi-*

sins, et que ceux-ci sont fondés à le prévenir et à le faire réparer.

OPINION DE TOULLIER,

t. XI, n° 308.

Il ne suffit pas que les lapins soient multipliés dans un bois, au point de dévaster les terres voisines, pour rendre le propriétaire responsable du dommage qu'ils ont causé. Lorsque ce n'est point *par son fait* qu'ils s'y sont fixés et multipliés, on ne peut alors lui appliquer l'art. 1383, par cela seul qu'il a négligé de les détruire; car aucune loi, aucun règlement ne l'y obligeait.

Il n'y a donc point en ce cas de négligence proprement dite de sa part, dans le sens de cet article, de négligence qui rende responsable celui qui l'a commise.

Autrement, il faudrait dire aussi qu'il répond du dommage causé par les *loups*, les *renards*, les *sangliers* qui se retirent dans ses bois : et où s'arrêterait la responsabilité?

Il faut donc que le propriétaire, non-seulement n'ait pas eu le soin de détruire les animaux nuisibles qui se retirent dans ses bois, mais encore qu'il ait empêché de les détruire, en ne permettant pas aux voisins qui s'en plaignaient de le faire eux-mêmes.

Ce principe doit s'appliquer non-seulement aux dommages causés par des lapins, mais encore aux dommages causés par les autres animaux nuisibles qu'on a refusé de laisser détruire ; par exemple les sangliers, qu'on a vus souvent multiplier dans une forêt au point de dévaster totalement toutes les récoltes voisines. La simple omission ou négligence de les détruire ne rend pas le propriétaire responsable de ces dégâts ; mais il en répondrait sans contredit, s'il avait refusé aux voisins qui s'en plaignaient la permission de les chasser et de les détruire. C'est ce qui avait lieu même avant les lois qui ont aboli la féodalité et le droit exclusif de la chasse.

OPINION DE M. SOURDAT.

(*Traité général de la Responsabilité*, t. II, p. 403.)

L'art. 1385 du Code Napoléon est-il applicable aux propriétaires d'un bois où des lapins se sont rassemblés naturellement, sans qu'il ait rien fait pour les y attirer ou les multiplier ?

Non, ce propriétaire n'est pas plus le maître de ces animaux que de toutes les autres bêtes sauvages qui s'y retirent, ou des oiseaux qui nichent sur ses arbres. Il n'est pas cause de leur présence sur son terrain. Il n'est pas responsable des dégâts qu'ils peuvent commettre.

Cependant il y aurait faute de sa part, faute de négligence et d'omission, s'il laissait des animaux nuisibles, comme les lapins, se multiplier dans ses bois, sans rien faire pour les détruire et sans permettre à ceux qui en souffrent de les détruire eux-mêmes...

Du reste, comme le remarque M. Toullier, lorsque ce n'est pas par le fait du propriétaire que les lapins se sont fixés et multipliés dans son bois, on ne pourrait lui appliquer l'art. 1383, par cela seul qu'il a négligé de les détruire lui-même. Leur présence est un *inconvénient inhérent à la nature* des choses, et aucune loi ne l'oblige à le faire cesser. En restant dans l'inaction il ne s'est point rendu coupable d'une négligence de nature à impliquer sa responsabilité. Ce n'est qu'autant que le refus de les laisser détruire par les voisins qui en souffrent, qui s'en plaignent et qui demandent cette permission, que l'on peut dire qu'il occasionne le dommage et qu'il en doit répondre suivant la règle du droit romain : « *Qui occasionem præstat, damnum fecisse videtur.* »

Ceci serait également vrai des autres animaux nuisibles, des *sangliers*, des *chevreuils*, des *loups* et des *renards* qui causent souvent des ravages dans les récoltes ou parmi les bestiaux. Le propriétaire d'un bois qui *les y laisserait multiplier à l'excès* et refuserait la permission d'y chasser pour détruire serait passible de dommages-intérêts, *mais dans ce cas seulement.*

OPINION DE M. DALLOZ

(*Jurisp. génér.* v° *Responsabilité*, n° 737)

En ce qui touche les LAPINS.

Pour que le propriétaire du fonds où les lapins résident soit irresponsable, il faut qu'ils se soient multipliés d'eux-mêmes et sans protection de la part du propriétaire.

Dans ce cas, *quels que soient leur nombre et l'étendue du dommage*, comme ces animaux sont des animaux sauvages, ils ne peuvent être réputés l'accessoire de la propriété dans laquelle ils se réfugient, et, par conséquent, ils n'engagent pas plus la responsabilité du propriétaire que ne le feraient les moineaux ou corbeaux qui nicheraient dans les arbres.

C'est aux voisins à aviser à la destruction de ces animaux.

Mais si le propriétaire entretient ces lapins pour le plaisir de la chasse, leur ménage des terriers, les prend sous sa garde, ce propriétaire, participant au dommage par un fait qui lui est imputable, doit être tenu de le réparer; seulement ce n'est plus en vertu de l'art. 1385 du Code Nap., qu'il peut être actionné, mais d'après les art. 1382 et 1383, qui déclarent que tout fait quelconque de l'homme oblige celui par la faute duquel le dommage est arrivé à le réparer.

OPINION DE MERLIN

(*Rép. de jurisp. v° Gibier*, § VIII)

En ce qui touche les Lièvres, Renards, Blaireaux, etc.

Un loup, un *renard*, un *blaireau* qui était réfugié dans ma forêt, en est sorti et a enlevé et dévoré des moutons ou des volailles dans mon voisinage; je n'en serai pas responsable.

Ainsi des *lièvres*, des perdrix, des moineaux, des corbeaux, qui se sont multipliés dans mon domaine, ont fait des dégâts dans les récoltes de mes voisins; mes voisins ne pourront s'en prendre à moi, ils ne pourront s'en prendre qu'à eux-mêmes de n'avoir pas détruit le gibier au moment où il s'est répandu sur leurs propriétés.

JURISPRUDENCE

§ 1.

JURISPRUDENCE EN CE QUI TOUCHE LES LAPINS.

TRIBUNAL D'APPEL DE ROUEN

(29 thermidor an XI — *J. du Pal.*, p. 418).

Jugement qui décide que la présence de terriers artificiels emporte la responsabilité.

Le Tribunal :

Considérant, sur le jugement du 29 thermidor an X que son objet étant de connaître s'il pouvait résulter des ouvrages de Fouques un plus grand dommage pour le fonds voisin de Milcent, que celui qu'il aurait éprouvé par le gibier, s'ils n'eussent pas été faits, il avait un but utile pour la décision de la cause ;

Considérant qu'au principal Fouques a reconnu au bureau de paix qu'il avait sur son fonds des terriers pour faire peupler les lapins, et qu'il est établi par les procès-verbaux représentés que les ballots et terriers litigieux *sont artificiels*, et pratiqués dans un petit bois situé au milieu de la campagne, proche les terres en labour de Milcent ;

Que les lapins qui se sont répandus sur ces terres ont occasionné aux récoltes de Milcent un dommage que les experts attribuent en partie aux ouvrages d'art faits dans le bois de Fouques pour y conserver du lapin ; que du reste, il n'y a dans le bois de Milcent que d'anciens terriers qui n'ont pas été débouchés ;

Confirme.

COUR DE CASSATION

(3 janvier 1810.—*J. P., à sa date*).

Arrêt qui condamne faute d'avoir détruit ou permis de détruire.

La Cour :

Attendu qu'il a été jugé, en fait, qu'il existait dans la forêt de Fretteval, au canton de Richerai, une *telle quantité* de lapins que les récoltes ensemencées étaient dévastées et que la récolte de la pièce de terre appartenant à la dame de Massy avait été considérablement endommagée par lesdits lapins ;

Attendu que la demanderesse, propriétaire de ladite forêt, a pu être jugée responsable du dommage, suivant l'art. 1383 du Code civil, pour *avoir négligé de les y détruire* ou *d'avoir permis aux détenteurs voisins de ladite forêt de les y faire détruire* ;

Rejette.

COUR DE CASSATION

(14 novembre 1816.—*J. P., à sa date*).

Arrêt qui décide que le droit de propriété a des limites et qu'on est responsable, quand on laisse les lapins se multiplier en très-grande quantité.

La Cour :

Attendu que ce serait donner aux lois des 4 et 11 août 1789 un effet directement contraire à leur principal objet que d'en faire résulter pour le propriétaire d'une garenne ouverte la décharge de toute responsabilité envers ses voisins; que l'intention du législateur fut de protéger l'agriculture et la garantir des pertes que lui faisait éprouver le droit exclusif de la chasse et des garennes ouvertes ;

Que, loin d'avoir atteint ce but, les maux auxquels ces lois ont voulu remédier seraient, au contraire, empirés, si le droit de garenne ouverte emportait celui de *laisser multiplier les lapins en telle quantité* que, ne trouvant pas assez de nourriture dans les bois, ils fussent obligés de se répandre sur les terres contiguës et d'en dévorer les fruits;

Attendu que la loi, en consacrant ce principe que chacun peut user de sa chose comme il lui plaît, y a ajouté la condition, à celui qui en use, de n'être nuisible à autrui en aucune manière : *In suo alii hactenus facere licet, quatenus nihil in alienum immittit ;*

Attendu qu'il a été jugé, en fait, que la *grande quantité* des lapins que la demanderesse avait laissée multiplier dans son bois a causé un *préjudice considérable* au blé de Ducatel; que ce fait ayant été reconnu, la demanderesse a pu être jugée responsable de ce dommage suivant l'art 1383 du Code civil, pour avoir négligé de les faire détruire ou d'avoir permis aux détenteurs voisins de les y faire détruire ;

REJETTE.

COUR DE CASSATION

(10 août 1819. — *Dall., Rép., v° Responsabilité, n° 740*).

Arrêt qui décide, comme celui du 3 janvier 1810, *qu'il y a faute à ne pas détruire* ou *permettre de détruire les lapins en trop grand nombre.*

La Cour :

Attendu qu'il résulte du jugement attaqué, 1° que le dommage dont se plaint le sieur Bonfils provenait de lapins sortis du bois du demandeur en cassation ;

2° Qu'il y avait eu négligence de la part des propriétaires du bois de Brévannes, *soit en ne faisant pas détruire les clapiers existant, à l'époque de l'action, en grand nombre dans ce bois, soit en ne permettant pas que les propriétaires ou fermiers des héritages voisins, qui se plaignaient des dégâts causés à leurs récoltes par les lapins sortis de ce bois, vinssent les y détruire*;

Que, dans de telles circonstances, les demandeurs en cassation ont pu être déclarés responsables d'après la disposition de l'art. 1383 du Code civil ;

REJETTE.

NOTA. — *Du même jour, arrêt semblable.*

(Murel C. Dautier.)

COUR DE CASSATION

(13 janvier 1829. — *J. P., à sa date*).

Arrêt qui fixe les caractères de la responsabilité, et décide qu'il suffit de détruire les lapins après qu'une plainte a été formulée.

La Cour :

Attendu en droit qu'il y a une différence bien grande entre les lapins établis dans un bois ou autre terrain constitué *en garenne* et les lapins qui s'y trouvent par l'effet de l'instinct, qui les y rassemble sans que le propriétaire ait rien fait pour les y attirer, et souvent même malgré lui ;

Que les premiers appartiennent au propriétaire du bois (art. 524 et 564 Code civil), lequel par conséquent, d'après la disposition formelle de l'art. 1385 Code civil, est passible du dommage que ses lapins causent aux terres voisines, tandis que les seconds, réputés animaux sauvages, n'appartiennent pas à ce propriétaire, lequel, par conséquent, d'après les principes posés par l'art. 1383 même Code, ne répond des ravages que les lapins exercent dans les terres voisines que dans le cas où il les *a laissés multiplier dans son bois* au point de devenir nuisibles à ces terres, et qu'il les y a laissés multiplier ainsi par sa faute, par sa négligence ou par son imprudence, n'*ayant pas voulu les détruire par lui-même*, et ayant encore refusé aux voisins qui le lui demandaient la permission de les détruire ;

Et attendu qu'il a été reconnu, en fait, par le jugement attaqué, qu'il ne s'agissait pas dans l'espèce de lapins de garenne ; que Perrault, loin d'avoir fait quelque chose pour attirer les lapins dans ses bois, avait au contraire employé, *aussitôt après les plaintes* que lui en a faites Dassonvilly, tous les moyens propres à détruire les lapins qui s'y trouvaient, soit en accordant à beaucoup de personnes la permission de les tuer, soit en faisant faire des battues générales, soit enfin en défonçant les terriers; que toutes les circonstances de la cause, ainsi que les précautions pour parvenir à la destruction des lapins, prouvent que le dommage prétendu ne provient ni du fait ni de la négligence de Perrault;

Que d'après cela, en repoussant l'action en dommage intentée contre ce dernier par Dassonvilly, le jugement attaqué a fait une juste application des lois de la matière;

Rejette.

COUR DE CASSATION

(22 mars 1837.—*J. du Pal.*, I, 1837, p. 371).

Arrêt qui décide qu'on est responsable quand **on favorise la multiplication.**

La Cour :

Attendu que c'est en interprétant les actes et en appréciant les faits de la cause que le tribunal d'Arras a condamné le demandeur en cassation aux dommages-intérêts, pour dégâts commis sur les terres des défendeurs éventuels par des lapins retranchés dans des terriers appartenant au demandeur, et dont il a été jugé que le demandeur *favorisait la multiplication*,

Rejette.

COUR DE CASSATION

(2 janvier 1839.—*J. du Pal.*, II, 1840, p. 442).

Arrêt qui décide qu'on est responsable quand on laisse subsister **une multitude de terriers.**

La Cour :

Attendu que le jugement constate en fait qu'il existe dans les bois de la demanderesse *une multitude de terriers* où les lapins habitent et se multiplient ;

Que ces terriers, par *leur étendue* et leur ancienneté, annoncent de la part des propriétaires des bois l'intention formelle de conserver des lapins ;

Attendu qu'il est aussi déclaré, en fait, que la demanderesse a négligé de détruire ces lapins, et que cette négligence a causé un dommage aux champs voisins ;

Attendu que dans ces circonstances le jugement, en accordant des dommages-intérêts, a fait une juste application de l'art. 1382 Code civil ;

REJETTE.

TRIBUNAL CIVIL DE RAMBOUILLET

(13 mars 1840,— *inédit*).

Jugement qui décide que rien n'oblige le propriétaire d'un bois à faire détruire les terriers et les lapins qu'ils renferment.

Le Tribunal :

Attendu que le marquis de Bernis est opposant à un jugement par défaut du 7 janvier 1840 qui l'a condamné à payer à Denise une indemnité de dix mille francs pour dégâts faits à ses récoltes par des lapins provenant des bois du domaine de Rochefort ;

Que sur l'opposition à ce jugement, le juge de paix du canton nord de Dourdan a ordonné une visite des biens ; que pour motiver cet interlocutoire il a établi dans son jugement du 15 février dernier, *que par cela seul que le marquis de Bernis n'avait pas pris tous les moyens nécessaires pour que les lapins de ses bois ne nuisissent pas aux récoltes voisines, il était responsable des dégâts commis par ces animaux ;*

Attendu que pour expliquer cette responsabilité il s'est appuyé sur l'article 1383 du Code civil, mais que cet article n'est pas applicable dans l'espèce : qu'en effet la responsabilité en matière de dommages commis par des animaux est réglée par l'art. 1385 du Code civil, aux termes duquel, il n'y a de responsable que le *propriétaire* de l'animal, ou *celui qui s'en sert :* qu'il faut donc examiner si le propriétaire d'un bois est toujours et nécessairement propriétaire des lapins qui s'y trouvent ;

Attendu que, sous ce rapport, les lapins sont considérés comme un gibier ordinaire, toutes les fois qu'il n'a pas été établi de garenne ouverte ou fermée, par le propriétaire du terrain sur lequel ils se trouvent ;

Qu'ils n'appartiennent pas plus à un propriétaire que les sangliers, les renards ou autres bêtes fauves qui pourraient exister sur le même terrain;

Qu'en effet, il est constant en droit, que l'individu, qui en chassant sur le terrain d'autrui prendrait et emporterait les lapins ne provenant pas d'une garenne établie, mais sortant d'un terrier creusé fortuitement par l'animal, se rendrait coupable du seul délit de chasse, et ne pourrait être forcé de restituer le lapin en question, ou d'en payer la valeur au propriétaire du terrain où a été creusé le terrier, le gibier étant *res nullius* et appartenant de droit *primo occupanti*;

Qu'aussi, aux termes des articles 524 et 564 du Code civil, les lapins ne constituent une propriété que lorsqu'ils se trouvent dans une garenne, c'est-à-dire dans un lieu disposé par un propriétaire pour recevoir et élever des lapins, destination qui doit être formelle et expresse pour que le principe résultant de l'article 524 puisse être appliqué ;

Attendu que si le marquis de Bernis avait établi une garenne dans ses bois, il serait responsable du dommage causé par les lapins sortis d'une garenne ; mais, attendu à cet égard, que Denise n'offre pas de prouver que les lapins qui auraient fait du dommage à ses récoltes provinssent d'une garenne établie par le marquis de Bernis ou ses auteurs ;

Attendu que la même règle devrait être appliquée si le marquis de Bernis ou ses auteurs avaient *introduit* et fait *multiplier* dans ses bois toute autre espèce de gibier qui aurait causé du dommage ; que dans ce cas, il y aurait de leur part *un fait* qui, suivant les circonstances, pourrait donner lieu à une responsabilité ;

Attendu que le marquis de Bernis ne peut être déclaré responsable du dégât de lapins dont il n'est pas le propriétaire, qui appartienent au premier occupant, qui se sont réunis en plus ou moins grand nombre et ont établi leurs terriers dans ses bois plutôt dans telle partie que dans telle autre ;

Attendu qu'aucune loi n'oblige le propriétaire d'un terrain dans lequel se trouve un terrier à faire détruire ce terrier et les lapins qu'il contient; que, loin de là, le propriétaire ne peut pas en tout temps chasser dans toutes ses propriétés ; qu'il est pour ses propriétés *non closes* dans l'obligation de se munir d'un permis de port d'armes de chasse que l'autorité peut lui refuser dans certains cas ;

Attendu que lorsque le législateur a voulu dans un intérêt général obliger les propriétaires à prendre certaines mesures contre les animaux nuisibles aux fruits de la terre, il s'en est formellement expliqué; qu'ainsi pour les animaux qui peuvent constituer une propriété, il a ordonné que les pigeons de colombier seraient tenus renfermés à certaines époques de l'année, et à l'égard de certains insectes, il a prescrit l'échenillage en réglant le mois de l'époque de cette opération;

Que si l'article 1383 peut être appliqué au propriétaire qui néglige d'écheniller, ce n'est pas parce qu'il est responsable du fait des insectes qu'il n'a pas cherché à détruire, mais seulement parce qu'il a négligé d'exécuter une opération qui lui était prescrite par la loi ;

Que par la même raison l'article 1383 ne peut pas être appliqué au propriétaire qui ne fait pas détruire les terriers et les lapins qui existent sur ses domaines, aucune loi ne lui en imposant l'obligation;

Attendu que si dans l'ancienne jurisprudence, les seigneurs étaient responsables des dégâts faits par les lapins, cette responsabilité tenait à ce que, ayant seuls le droit de chasse dans l'étendue de leur seigneurie, les vassaux ne pouvaient se défendre contre les ravages du gibier ; que la jurisprudence restreignait cette responsabilité dans les limites de la seigneurie seulement ; que si ces lapins sortis du fief où ils avaient leurs terriers ou leur garenne causaient du dommage dans le fief voisin, c'était le seigneur du fief où le dommage était commis qui était responsable et non celui du lieu où se trouvaient le terrier ou la garenne ;

Attendu qu'en présence des principes qui viennent d'être posés, la preuve offerte par le marquis de Bernis serait surabondante, puisque alors même qu'elle ne serait pas faite par lui, il n'y aurait pas lieu de prononcer une condamnation ;

Vu les conclusions principales prises dans l'exploit signifié le 11 janvier 1840 par Guérard, huissier à Dourdan;

Dit qu'il a été mal jugé, bien appelé ;

Emendant, reçoit le marquis de Bernis appelant du jugement du 7 janvier 1840, le décharge des condamnations prononcées contre lui ; Ordonne la restitution de l'amende, et condamne Denise aux dépens de première instance et d'appel.

Nota. Le même tribunal a consacré les mêmes principes par jugements des 14 janvier 1848 (marquis de Dampierre C. Tartier), 31 août 1855 (d[e] de Soye C. Thibault), et en 1858 (liste civile C. Barbet). Voir cependant jugement du 30 décembre 1859 ci-après.

TRIBUNAL CIVIL DE LA SEINE

(27 janvier 1843, — *inédit*).

Jugement qui déclare un propriétaire responsable, par suite d'une autorisation de détruire tardive et insuffisante.

Le Tribunal :

En droit : Attendu qu'il est de principe consacré par les art. : 1382, 1383 et 1384 du Code civil combinés, que chacun répond du dommage qu'il cause à autrui et qu'il est obligé de réparer ce dommage, soit qu'il l'ait commis lui-même soit qu'il ait eu lieu par son fait, sa négligence ou son défaut de précaution ;

Attendu que ce serait donner aux lois antérieures sur la chasse un effet contraire à leur principal objet (à savoir, protéger l'agriculture) que d'en faire résulter pour le propriétaire de bois la décharge de toute responsabilité envers ses voisins ou locataires ;

Attendu que la loi, en confirmant la maxime que *chacun peut user de sa chose comme il lui plaît*, y a ajouté la condition de ne nuire à autrui en aucune façon ;

En fait : Attendu que par le bail notarié du 10 juillet 1832 enregistré, il a été formellement stipulé, entre autres conditions, que le sieur Yvelin, propriétaire représenté aujourd'hui par la dame veuve Haas, se réservait le droit de chasse tant sur les terres et dépendances de la ferme que sur les bois voisins ; que si une autorisation de détruire le gibier a été accordée verbalement au nom de la propriétaire, ce n'a été que depuis l'existence et postérieurement à la première visite des experts ;

Attendu d'ailleurs que cette autorisation a été *limitée aux terres seulement*, ce qui était insuffisant ;

Attendu que des deux rapports dressés en exécution d'une ordonnance de référé du 10 janvier 1841, il résulte que les terres louées ensemencées en blé et en seigle ont été bien façonnées et parquées suivant l'usage de la culture ; que les dégâts dont se plaint Vallissant proviennent du gibier ;

Mais attendu que la fixation du dommage causé à une somme de 4,253 fr. 85 c. est évidemment exagérée, eu égard aux circonstances particulières de la cause ; qu'en effet, il est justifié, d'une part, que les terres dont il s'agit sont louées à un taux beaucoup moins élevé que les terres voisines, à raison des inconvénients résultant du voisinage du bois ;

Que, d'un autre côté, il est établi au procès que le fermier a tendu des collets et que des battues ont été faites, notamment fin de février 1841 à la connaissance de Valissant, dans une partie des bois ; que ces battues n'ont eu pour résultat que d'en faire sortir une petite quantité de gibier ;

Attendu que c'est le cas d'arbitrer d'office à 600 francs seulement le dommage réellement causé et dont la veuve Haas soit responsable ;

Par ces motifs, CONDAMNE.

COUR DE CASSATION

(31 décembre 1844.—*J. du Pal.* 1845, I, p. 728.)

Arrêt qui décide qu'on est responsable quand on fait garder un grand nombre de lapins pour le plaisir de la chasse.

La Cour :

Attendu que le jugement attaqué adopte la constatation de faits, renfermée dans la sentence du 11 octobre 1843, qui lui était déférée par appel, laquelle sentence déclare que le demandeur en cassation *entretient et fait soigneusement garder* dans ses bois et sur le territoire de Boran, contigus aux terres dévastées, un *grand nombre* de lapins et gibier pour le plaisir de la chasse, gibier qu'il paraît vouloir détruire dans certains cantons, pour s'affranchir du payement des dégâts et qu'il laisse croître et multiplier dans d'autres cantons;

Qu'ainsi on doit lui imputer la négligence de n'avoir pas fait tout ce qu'il aurait pu et dû faire pour arriver à la destruction desdits lapins ;

Rejette.

COUR DE CASSATION

(29 novembre 1846.—*J. du Pal.*, t. I, 1847, p. 410).

Arrêt qui décide qu'il y a responsabilité quand on ménage des terriers.

La Cour :

Considérant qu'il ressort, en fait, tant des qualités et motifs du jugement que du rapport des experts dûment entériné, qu'il y avait *beaucoup de lapins* dans le bois appartenant au baron Lepelletier et que ce dernier a fait détruire beaucoup de terriers et *en a conservé d'autres;*

Qu'il résulte de cet état de choses que l'intention du propriétaire a été d'habituer dans les terriers maintenus les lapins qui les peuplent actuellement ;

Qu'il leur a ménagé des demeures permanentes et ne les a pas laissés à l'état de gibier proprement dit errant et vaguant sans se fixer nulle part et se posant à la surface du sol ;

Qu'il a par conséquent fait de ses bois une *garenne ouverte* et qu'il est responsable du dégât causé par les animaux dont il est propriétaire ;

Qu'en le jugeant ainsi le tribunal de Senlis, loin de violer la loi, en a, au contraire, fait une juste application ;

Rejette.

TRIBUNAL DE CORBEIL

(9 décembre 1846.—*J. du Pal.* 1850, I, 202).

Jugement qui décide : 1° Qu'on ne peut arriver à la destruction totale des lapins ;

2° Que leur présence dans un bois constitue une servitude de situation.

Le Tribunal :

Attendu que tout propriétaire qui, pour se conserver les plaisirs de la chasse, fait veiller dans ses bois à la garde du gibier *et s'oppose à ce que les cultivateurs des terres avoisinantes aillent poursuivre les lapins lorsque ces animaux se multiplient au point de nuire aux fruits et récoltes, devient responsable par ce fait des dommages qu'ils commettent* ;

Attendu que des visites successives des experts nommés par le tribunal et de leur rapport, il résulte que des dommages ont été causés par les lapins provenant du bois de M. Clary ;

Que M. Clary n'a pas fait tout ce qui dépendait de lui pour les détruire, puisqu'il a négligé d'extirper les herbes et boussailles couvrant le sol et où ces lapins trouvent un abri ;

Attendu que, quelques moyens actifs que l'on emploie pour empêcher les lapins de se propager, il faut reconnaître, il est vrai, *qu'il n'est pas possible de parvenir à les faire disparaître totalement des bois et forêts* et que les propriétaires et exploitants des terres contiguës doivent toujours s'attendre à souffrir plus ou moins de l'excursion de ces animaux ;

Que *c'est là une servitude de situation* dont il convient de tenir compte et que les experts ont en effet prise en considération dans leurs évaluations faites sous la surveillance du juge de paix, etc.

TRIBUNAL CIVIL DE CORBEIL

(2 décembre 1847.—*Droit* du 2 janvier 1848).

Jugement qui décide : 1° que, même quand il y a réserve du droit de chasse au profit du propriétaire, c'est au fermier qu'incombe l'obligation de détruire les animaux nuisibles qui ravagent les terres louées ;

2° Qu'il y a responsabilité à l'égard des dégâts causés par les **lièvres**, *quand on a facilité leur reproduction.*

Le Tribunal :

Attendu que Bonfils est légalement en possession, en vertu d'un sous-bail qui lui a été consenti par Camille Beauvais, avec l'agrément de la liste civile, des terres sur lesquelles il prétend que des dégâts ont été occasionnés par des lapins provenant de diverses parties de la forêt de Sénart ;

Attendu que ces considérations qui ont pu donner naissance au bail principal, et les conditions plus ou moins favorables faites au preneur, ne peuvent priver le sous-locataire du droit de demander la réparation d'un préjudice éprouvé par le fait de la liste civile, son action étant alors fondée, non sur les obligations du bailleur envers son fermier, mais sur le principe que tout fait quelconque de l'homme qui cause à autrui un dommage oblige celui par la faute duquel il est arrivé à le réparer ;

Qu'il n'y a donc pas lieu de s'arrêter à la fin de non recevoir proposée par la liste civile ;

Mais, attendu qu'il résulte du procès-verbal d'une

expertise à laquelle il a été procédé les 13 avril et 21 juin derniers, que le dommage dont se plaint Bonfils a été occasionné par des lapins provenant de la forêt de Sénart et du parc des Bergeries;

Attendu qu'en se fondant sur ledit procès-verbal, le premier juge a condamné la liste civile à payer à Bonfils une somme de deux mille francs de dommages-intérêts, sans distinguer entre le dommage causé par les lapins provenant de cette partie de la forêt de Sénart, dont la liste civile a l'administration, et celui occasionné par les lapins du parc des Bergeries, dont Camille Beauvais est le locataire;

Attendu que l'art. 9 de la loi du 3 mai 1844 ne s'étant pas expliqué sur la question de savoir qui, du propriétaire, possesseur ou fermier, serait responsable des dégâts occasionnés par le défaut de destruction des animaux nuisibles, cette question tombe dans le domaine du juge, et doit être décidée d'une manière conforme aux dispositions et à l'esprit de l'art. 1383 du Code civil;

Attendu que c'est naturellement au fermier qui exploite une propriété que doit incomber l'obligation de détruire les animaux nuisibles, qui ne s'y multiplient que par sa volonté ou par sa négligence;

Attendu que le propriétaire, dessaisi par un bail de l'administration de son bien, doit être dispensé de toute surveillance à cet égard, et par suite affranchi de toute responsabilité;

Attendu que, quelque exceptionnelle que soit la position de la liste civile, et quelque facilité qu'elle ait de faire détruire le gibier dans toute l'étendue de ses possessions, les principes qui viennent d'être exposés lui sont applicables comme à tout autre propriétaire ;

Qu'on objecterait en vain qu'elle s'était réservé le droit de chasse, le secours de ce droit n'étant pas nécessaire au fermier pour parvenir à la destruction des animaux nuisibles, et Beauvais ayant d'ailleurs, aux termes de son bail, le droit de chasser dans le parc des Bergeries, avec son fils et deux amis ;

Qu'il n'y a, non plus, aucune conséquence à tirer contre la liste civile de ce que, à diverses reprises, elle aurait volontairement fait faire dans le parc des Bergeries des battues, tendant à la destruction des lapins ;

Que c'est donc à tort que le jugement attaqué a mis à la charge de la liste civile la réparation du dommage causé par les lapins du parc des Bergeries ;

Attendu qu'il résulte du rapport des experts, que les pièces numérotées 8, 40, 41 et 33, ont été dévastées par les lapins provenant du parc des Bergeries ;

Qu'il convient dès lors de déduire de l'estimation des experts, la somme de.... etc., etc., etc. ;

Attendu, *en ce qui concerne les lièvres*, que la chasse est sévèrement gardée ;

Que loin de rechercher et détruire cette espèce de gibier, la liste civile a facilité sa reproduction autant qu'il était en son pouvoir :

Met les appellations au néant, etc., etc.

COUR DE CASSATION

(7 mars 1849.—*J. du Pal.* 1850, I, 203).

Arrêt qui décide qu'on est responsable quand on ménage des abris permanents aux lapins dans des **buissons, broussailles** *et* **herbages.**

La Cour :

Attendu que le jugement attaqué constate : 1° Que les bois du sieur Clary, situés dans la commune de Saint-Pierre de Perray, contiennent de nombreux lapins dits *buissonniers*, qui y ont des abris permanents dans des buissons, des broussailles, des herbages longs et touffus, ménagés par le propriétaire pour les y attirer;

2° Que ces lapins ont dévasté les récoltes du sieur Paillet;

3° Que le sieur Clary, au lieu de détruire ces lapins, ou de donner la permission de les détruire, en favorise la multiplication pour se livrer au plaisir de la chasse ;

Que, dans les circonstances, le tribunal de Corbeil en condamnant le sieur Clary à réparer le dommage occasionné par les lapins attirés et retenus dans ses bois, loin de violer l'art. 1385 du Code civil, en a fait au contraire une juste et exacte application,

Rejette, etc.

COUR DE CASSATION

(7 novembre 1849.—*J. du Pal.* 1850, I, 203).

Arrêt qui décide qu'il y a responsabilité quand on laisse les lapins se multiplier dans une proportion considérable.

La Cour :

Attendu que l'arrêt attaqué établit, en fait, *que la mul-*

tiplication considérable des lapins dans les bois où ils ont leurs terriers est due à l'extrême négligence des possesseurs de ces bois qui avoisinent les propriétés ravagées ;

Attendu, en outre, que le jugement a adopté les motifs de la sentence dont était appel, qui fonde la condamnation en dommages-intérêts sur le fait que les *sieurs Jaloureau avaient élevé dans leurs bois et rochers les lapins de garenne qui ont* causé les dégâts dont s'agissait ;

Attendu que ces constatations de fait échappent à la censure de la Cour, et que, dans de telles circonstances, en accordant des dommages-intérêts, le jugement attaqué, loin d'avoir violé aucune loi, a fait une juste application de l'art. 1382 du Code civil,

REJETTE, etc.

COUR DE CASSATION

(4 mars 1850.—*Droit* du 28 mars 1850).

Arrêt qui rejette le pourvoi formé contre le jugement du tribunal de Corbeil du 2 *décembre* 1847, *ci-dessus rapporté.*

La Cour :

Attendu que l'action intentée par Bonfils, contre l'administration de l'ancienne liste civile, a pour objet la réparation d'un préjudice qui lui aurait été porté, par le fait de l'administration défenderesse ;

Attendu qu'il résulte des énonciations du jugement attaqué, que le préjudice dont se plaint Bonfils ne peut être attribué ni à la faute ni à la négligence de ladite administration ;

Que dès lors en relaxant de la demande formée contre elle, le jugement attaqué n'a violé ni les art 1382 et 1383 du Code civil, non plus qu'aucune loi,

Rejette.

TRIBUNAL CIVIL DE CORBEIL

(14 février 1855.—*Écho agricole* du 11 mars 1856).

Jugement qui décide qu'il n'y a plus de responsabilité quand par une clause du bail le gibier est exonéré.

Le Tribunal :

Attendu que, s'il est de principe que le bailleur doit indemniser le fermier des dommages causés aux récoltes par le gibier qu'il entretient sur sa propriété pour les plaisirs de la chasse, cette obligation cesse lorsque le gibier est exonéré par une clause expresse du bail ;

Qu'une pareille condition, librement acceptée par le fermier, fait la loi des parties ;

Attendu qu'en conservant, par l'art. 11 du bail des 5 et 9 janvier 1845, le droit exclusif de chasse sur les terres de la ferme, les époux Nitot ont contracté l'engagement de faire détruire les lapins qui nuisaient aux récoltes des sieurs et dame Levassor; mais que ces derniers se sont réservé le droit de faire opérer eux-mêmes la destruction, faute par les bailleurs d'avoir rempli cet engagement à la satisfaction des preneurs ;

Attendu que les époux Levassor articulent, dans leurs conclusions, à fin d'enquête, que la dame Nitot n'a pas employé pour la destruction des lapins le personnel et les moyens suffisants ;

Qu'il en résulte la reconnaissance implicite que ladite dame Nitot a fait certaines diligences pour remplir ses obligations à cet égard ; qu'on lui reproche seulement l'insuffisance du personnel et des moyens employés ;

Que c'est précisément pour ce cas prévu par le bail, que le droit de faire détruire eux-mêmes les lapins à l'aide de furets et de bourses a été accordé aux sieur et dame Levassor ;

Attendu enfin, qu'en raison de cette faculté les époux Levassor ont, dans le dernier paragraphe de l'art. II du bail, renoncé formellement à tout autre recours pour cette cause ;

Sans s'arrêter ni avoir égard à la preuve offerte par les époux Levassor des faits par eux articulés, lesquels faits sont déclarés non pertinents et non admissibles, et dont ils sont déboutés,

Déclare les époux Levassor mal fondés dans leur demande, etc., etc., etc.

COUR IMPÉRIALE DE PARIS

(13 juillet 1855.—*Écho agricole* du 11 mars 1856).

Arrêt qui confirme le jugement du tribunal civil de Corbeil ci-dessus rapporté.

La Cour :

Considérant que, par l'arrêt interlocutoire du 3 mai 1855, tous les moyens des parties ont été expressément et entièrement réservés ;

Considérant que les époux Levassor sont locataires de la ferme d'Echarcon, en vertu d'un bail notarié en date des 5 et 6 janvier 1845 ; que, dans le § 11 des causes du bail contenant les charges et conditions impoées aux preneurs, il a été stipulé que lesdits preneurs ne pourraient ni chasser ni faire chasser qui que soit sur les lieux loués, ni détruire le gibier d'une manière quelconque, les bailleurs se réservant exclusivement le droit de chasse pour eux et les personnes qu'ils y autoriseraient, ainsi que celui de faire planter des épines sur les chaussées pour la conservation du gibier, lesquelles épines devraient y rester jusqu'au abour successif des pièces ;

Considérant qu'il a été ajouté que, dans le cas où les preneurs reconnaîtraient que les lapins des bois ou remises se seraient multipliés de manière à nuire à leurs récoltes, ils devraient en donner connaissance, depuis le mois d'octobre jusqu'au mois de mars inclusivement, aux bailleurs qui s'engageaient à les faire détruire dans le mois qui suivrait la mise en demeure, et que, faute par les bailleurs de remplir cet engagement à la satisfaction des preneurs et dans le délai stipulé, ces derniers auraient le droit de faire par eux-mêmes détruire les lapins au moyen de furets et de bourses seulement, et que les lapins ainsi pris leur appartiendraient ;

Considérant que la clause se termine par cette disposition, qu'au moyen de la faculté qui leur est accordée, les preneurs renoncent à tout autre recours contre les bailleurs pour cette cause ;

Considérant qu'en présence d'une pareille clause prévoyant tous les cas se rattachant au droit de chasse et au gibier, d'une manière explicite et sans ambiguïté et dont la généralité et l'importance n'ont pu échapper aux preneurs, il ne peut plus y avoir entre les parties qu'une question, celle de savoir si, dans l'exécution de ladite clause, les bailleurs ont méconnu, en ce qui les concerne, soit le texte, soit l'esprit de la convention qui doit être, il est vrai, interprétée de bonne foi, mais en même temps maintenue dans son objet et dans son but ;

Qu'il est constant, en effet, qu'il *a été dérogé d'une manière formelle au droit commun ;* que les parties se sont fait une loi particulière qui les oblige, aux termes de l'art. 1134 du Code Napoléon ; qu'il ne suffit donc pas aux époux Levassor d'établir comme dans un cas ordinaire que leurs récoltes ont été en partie détruites par les lapins des bois ou remises appartenant aux bailleurs ; qu'il y a pour eux nécessité de démontrer qu'il y a eu de la part des bailleurs soit incurie, soit négligence, soit mauvais vouloir, comportant violation des obligations, strictement limitées, prises par eux dans le bail ;

Considérant que la question étant ainsi posée dans ses véritables termes, il n'y a que trois faits à examiner, en ne perdant pas de vue toutefois la situation respective résultant du contrat, à savoir : 1° le reproche fait aux propriétaires bailleurs de n'avoir pas, après la sommation à eux faite, employé à la chasse des lapins et à leur destruction, dans le mois, le personnel et les engins suffisants; 2° le défaut d'entretien des bois ou leur entretien dans un état tel qu'il devait nécessairement favoriser la reproduction des lapins et empêcher leur destruction par bourses et furets ; 3° les ouvertures pratiquées dans la garenne de Bellay ;

Considérant, quant au premier fait, que rigoureusement les bailleurs n'étaient pas tenus de détruire les lapins dans le mois de la sommation à eux faite ; que leur inaction ou l'inexécution partielle de leurs engagements sur ce point était prévue par le contrat et donnait seulement aux preneurs le droit de procéder eux-mêmes à la destruction du gibier ; qu'il ne résulte du texte de cette partie de la clause qu'une chose, c'est que, dans le cas où il deviendrait nécessaire de détruire les lapins, les bailleurs ont voulu avoir la préférence sur leur fermier; qu'il leur était donc loisible de renoncer à cette préférence réservée en leur faveur, mais qu'au surplus l'inaction des bailleurs n'a pas été telle que le prétendent les fermiers ;

Qu'en effet, il résulte des dépositions des témoins Féron, Sautereau, Gervais et autres que, dans un temps voisin de la sommation, des chasses ont été faites par des amis des bailleurs pour arriver à la destruction des lapins, concurremment avec le fermier; qu'Albert, garde champêtre de la commune, dépose notamment que depuis le mois d'octobre, les gardes ont été occupés très-activement à détruire les lapins et qu'au fur et mesure, il s'est aperçu que les dégâts par lui remarqués antérieurement avaient diminué ;

Considérant, quant au second fait, que la preuve n'en résulte pas, soit de la vérification des lieux, soit des témoignages recueillis dans l'enquête, soit des autres documents produits ;

Que les faits relevés par le juge de paix relativement à 3 hectares 80 ares de bois, faisant partie du bois de la Butte d'Echarcon, au versant nord, s'expliquent par l'âge du taillis (4 ans), et ne sauraient dès lors être imputés au mauvais vouloir ou à la négligence des bailleurs ; que d'ailleurs, le témoin Chanteclaire déclare y avoir passé comme rabatteur ; qu'en outre, Heudelot, employé par Levassor pour fureter, dépose qu'il n'existe pas de terrier dans ce taillis, et que les chiens y sont restés parfois trois heures sans faire sortir un lapin; que de plus, la vérification des lieux a constaté que sur la pièce de terre, se trouvant directement au bas de la partie du bois non nettoyée, le blé, venant bien, était touffu, d'une végétation forte et égale sans qu'il apparût aucun dégât fait par les lapins; d'où il suit, ou qu'il n'y avait pas de lapins ou qu'on y avait pénétré pour les détruire;

Considérant, quant au troisième fait relatif au parc de Bellay, que, d'après l'avant faire droit, il consisterait à savoir : 1° si, dans la garenne du parc de Bellay, la veuve Nitot élève et entretient des lapins; 2° si cette garenne est close, et si la clôture est établie de manière que les lapins ne puissent pas s'en échapper, pour se répandre sur des terres louées à Levassor; 3° s'il a été fait des changements depuis le bail;

Considérant que la veuve Nitot a eu incontestablement le droit d'élever et d'entretenir des lapins dans son parc de Bellay, pourvu qu'il fût clos; qu'elle ne serait tenue de dommages-intérêts, que si elle avait changé l'état des lieux en vue desquels la clause relative au droit de chasse et à ses conséquences a été acceptée, ou si, artificieusement, elle avait rendu la clôture inutile en pratiquant des issues, permettant aux lapins de s'échapper dans la plaine; qu'il est reconnu que le parc de Bellay est clos de murs; qu'il n'appert pas de la vérification des lieux, et des témoignages recueillis, que l'état des lieux ait été modifié depuis le bail; que les faits relevés, quant aux issues pratiquées dans la clôture, manquent de netteté et de précision, et qu'il n'en résulte que des présomptions insuffisantes pour faire preuve du fait articulé et des conséquences que les appelants prétendent en tirer; d'autant plus qu'il est démontré que, dans les pièces voisines du parc de Bellay, il n'y a pas eu de dégât causé par les lapins, et que le dommage causé s'est concentré sur un point qui en est fort éloigné;

Considérant qu'à l'ouverture de la porte du parc de Bellay, il n'y a pas eu de dégât causé par les lapins, et que le dommage causé s'est concentré sur un point qui en est fort éloigné ;

Considérant que l'ouverture de la porte du parc de Bellay, pendant la nuit du 26 au 27 janvier, les propos tenus par les gardes de la dame Nitot, les prétendus violences exercées sur les fureteurs de Levassor, et les autres faits admis en preuve, ou ne sont pas prouvés, ou ne le sont qu'incomplétement, ou sont sans pertinence au point de vue de la question, telle qu'elle a été posée ci-dessus,

CONFIRME.

TRIBUNAL CIVIL DE CORBEIL

(30 août 1855.—*Écho agricole* du 29 avril 1856).

Jugement qui décide qu'il y a imprévoyance de la part d'un fermier de cultiver une récolte dont le gibier est avide.

Attendu qu'à la liste civile seule incombe, aux termes des art. 1382 et suivants du Code Nap., la responsabilité du dommage causé par le gibier de la forêt et du parc ;

Mais, attendu qu'il y a lieu d'imputer une partie du dommage à l'imprévoyance de Bonfils, qui n'a pas craint de cultiver dans des terres presque entièrement entourées par la forêt et le parc, et partant exposées aux ravages du gibier, une nature de récolte dont il savait le gibier très-avide;

Qu'il doit être tenu compte de cette imprévoyance, dans la fixation de l'indemnité ;

Réduit à 4,240 fr. 33 c., l'indemnité due à Bonfils pour le dommage causé à sa récolte, etc., etc.

JUSTICE DE PAIX DU CANTON DE GONESSE

(août 1856.—*Jour. des Chass.*, 20e année, 2e sem., p. 288).

Jugement qui constate l'impossibilité matérielle de détruire tous les lapins que recèle un bois.

Le Tribunal :

Attendu qu'il a été établi, lors de la visite des lieux litigieux : 1o Que les bois des défendeurs ne sont point constitués en garenne ; qu'ils sont, au contraire, ouverts de tous côtés, et par conséquent accessibles en tous temps aux lapins comme à tout autre aminal destructeur ;

2o Qu'un dommage a été réellement causé aux récoltes des demandeurs, spécialement dans les parties voisines de la forêt, et qu'il est loin d'avoir la gravité qu'on lui a donnée;

Attendu que si de l'enquête directe, il résulte que ce dommage doit être attribué à une cause étrangère à la culture des terres, qui paraît ne rien laisser à désirer, il ne s'ensuit pas nécessairement qu'il doit être exclusivement attribué à la dent des lapins, provenant des forêts voisines, appartenant aux défendeurs; ce fait pouvant tout aussi bien provenir, soit de la nature du sol ou d'une mauvaise semence, soit du simple voisinage des forêts ; qu'en tous cas il n'est nullement établi, par cette enquête, que les défendeurs aient attiré ou introduit des lapins dans leurs bois, ni qu'ils aient négligé ou empêché de détruire ceux qui peuvent s'y trouver ;

Attendu, au contraire, qu'il résulte de la contre-enquête que, pour détruire ces lapins, les défendeurs ont fait tout ce qui était en leur pouvoir, soit en chassant et furetant trois fois par semaine, pendant l'ouverture de la chasse, soit en défonçant les terriers, soit en faisant des battues à grands frais après la clôture de la chasse ;

Attendu, en outre, qu'il est allégué par les défendeurs, et reconnu par MM. David et Blesson que, dans le courant du mois de mars dernier, des *invitations par lettres* ont été adressées aux demandeurs pour prendre part aux battues dont il vient d'être parlé, et que ces derniers ont refusé d'assister à ces battues;

Attendu que si, malgré toutes les précautions prises par les défendeurs, les dommages dont se plaignent les demandeurs existent encore, mais en très-faible partie seulement, ces dommages ne sont que la conséquence fâcheuse et malheureuse de l'impossibilité matérielle de détruire tous les lapins que recèlent les bois dont il s'agit, comme tous les autres bois dans lesquels l'instinct de ces animaux les rassemble, même contre le gré des propriétaires ;

Attendu que, de tout ce qui précède, il résulte qu'il n'y a ni faute, ni négligence à imputer aux défendeurs, et que par suite ils ne peuvent être tenus de réparer le dommage dont est plainte ;

Vu les art. 1382 et suivant du Code Napoléon,

Le tribunal, sans s'arrêter ni avoir égard au rapport des experts en date du 29 juillet 1856,

Déclare les sieurs David, Blesson et Dalleux, non recevables et en tous cas mal fondés dans leur demande, les en déboute, et les condamne aux dépens.

JUSTICE DE PAIX DU CANTON DE JOIGNY

(14 décembre 1857 *inédit*).

Jugement qui décide que les moyens de destruction des lapins sont insuffisants sans **la destruction des terriers.**

Le Tribunal :

Attendu qu'il résulte du rapport des experts et des renseignements par eux recueillis, que les seuls moyens qui auraient été employés pour arriver à détruire lesdits lapins seraient la chasse au furet et au fusil, mais que ces moyens auraient été insuffisants *sans la destruction des terriers* ;

Attendu, d'un autre côté, qu'il est notoire que les défendeurs font garder avec soin le gibier de leurs bois ;

Attendu que, dans de semblables circonstances, on ne peut s'empêcher de reconnaître que le dommage dont se plaint M. Levert, et dont il demande la réparation, ne soit dû à l'imprudence ou du moins à la négligence de M. Genty-Bouron et de M. et Mme Couturier ;

Attendu qu'aux termes de l'art. 1383 du Code Napoléon chacun est responsable du dommage qu'il a causé, non-seulement par sa faute, mais encore par sa négligence ou son imprudence ;

Déterminé par ces motifs, le Tribunal, jugeant en premier ressort, donne défaut contre M. Genty-Bouron et Mme Couturier, et pour le profit, homologue le rapport d'experts dont s'agit, et en conséquence, condamne M. Genty-Bouron et Mme Couturier conjointement et solidairement à payer à M. Levert la somme de 907 fr. 50 c. pour les causes exprimées en la demande. »

TRIBUNAL CIVIL DE ROUEN

(10 mars 1858.—*Journ. des Chass.*, 22e année, 1er sem., p. 364).

Jugement qui décide : 1° Que la destruction des lapins est à la charge de celui qui éprouve le dommage, à moins que le propriétaire du bois ne les y ait attirés.

2° *Que l'autorisation de* tuer *les lapins n'emporte pas nécessairement le droit de fureter et de défoncer les terriers.*

Le Tribunal :

Attendu que celui dans le bois duquel il existe des lapins et des terriers qui leur servent de refuge *doit les détruire ou permettre de les détruire, s'ils commettent des dommages aux propriétés voisines*; que leur destruction est à sa charge, s'il les y a placés, attirés ou conservés ; que si au contraire, ces animaux sauvages, qui ne lui appartiennent pas plus qu'il ne les a sous sa garde, se sont établis naturellement, par suite de l'instinct qui les porte à se réunir dans les lieux couverts, sans qu'il apparaisse qu'il ait rien fait pour qu'ils se multiplient ou pour les conserver, *la destruction est à la charge de celui qui éprouve le dommage*, à la condition que le propriétaire du bois lui accordera le droit de pénétrer dans sa propriété et d'user de tous les moyens de destruction tels que le furetage et le défoncement de terriers, moyen prescrit aux agents forestiers par l'ordonnance de 1669 et l'arrêt du Conseil du 21 janvier 1776 pour les forêts de l'Etat ; que le propriétaire qui, selon les cas, ne remplit pas son obligation, soit en détruisant lui-même, soit en autorisant à détruire de la manière la plus étendue, encourt la responsabilité de l'art. 1383 du Code Nap.

Qu'en fait, de Stabenrath, propriétaire du bois voisin d'une ferme occupée par Hallot, fut prevenu par celui-ci dans les premier jours de 1856 que les lapins qui se trouvaient dans son bois et qui y avaient des terriers causaient du dommage à ses récoltes ; que Stabenrath lui répondit le 9 du même mois qu'il ne chassait pas, qu'il avait un garde pour la conservation de ses bois et non pour celle du gibier ; qu'il lui avait déjà ordonné de détruire les lapins et qu'il autorisait le sieur Hallot, à les tuer tous ; qu'il n'a rien été allégué qui puisse faire douter de la vérité des assertions de Stabenrath, qu'il n'était donc pas obligé de détruire les lapins qu'il ne faisait pas conserver et qui s'étaient multipliés malgré lui ; qu'il lui suffisait d'accorder à Hallot l'autorisation de les détruire ; que celle qu'il lui a donnée pouvait présenter quelque doute dans ses termes ; que *tuer* n'emportait pas nécessairement le droit de fureter et de défoncer les terriers, mais que tout indique que si une explication lui eût été demandée, il eût complété son autorisation et que si Hallot s'en est abstenu, c'est qu'il avait la prétention qu'il a constamment soutenue et qui a été admise par le premier juge, que la destruction des lapins était, dans tous les cas, à la charge de Stabenrath ;

Par ces motifs le Tribunal dit qu'il a été mal jugé, bien appelé ; réformant, décharge de Stabenrath des condamnations prononcées contre lui, etc.

JUSTICE DE PAIX DU CANTON DE ROZOY

(7 octobre 1858.—*Droit* du 23 mars 1859).

Jugement qui décide qu'on ne peut parvenir à faire disparaître totalement les lapins.

Le Tribunal :

Attendu que, quant aux faits antérieurs au 23 avril 1857, la preuve offerte par Pereire ressort d'un jugement rendu ledit jour par ce Tribunal ;

Que ce jugement, rendu entre Pereire et Emery sur les faits alors allégués par ce dernier et semblables à ceux en ce moment reproduits, ayant mis fin aux prétentions d'Émery d'être indemnisé par Pereire d'un préjudice causé aux récoltes des mêmes pièces de terre dont s'agit encore aujourd'hui, a acquis l'autorité de la chose jugée ;

Que, vainement Émery allègue que Pereire a indemnisé plusieurs personnes, notamment le sieur Lenoble, parce que le fait d'un riche sur la terre envers un moins heureux que lui (fait que les remercîments écrits expliquent suffisamment) ne saurait être soumis à l'appréciation de la justice humaine ;

Que, vainement Emery allègue qu'il existe encore un grand nombre de lapins dans la forêt de Crécy, qui causeront à l'avenir, comme aujourd'hui, des dommages à ses récoltes, parce qu'il faut bien l'admettre avec la Cour de cassation, quelque moyen actif que l'on emploie pour empêcher les lapins de se propager, et Pereire n'en a négligé aucun, il faut reconnaître qu'il n'est pas possible de parvenir à les faire disparaître totalement des bois et forêts, et que les propriétaires et exploitants des terres contiguës, soumises par cela même à une servitude de situation dont il convient de tenir compte, doivent toujours s'attendre à souffrir plus ou moins de l'excursion de ces animaux;

Déclare Émery non recevable dans sa demande.

Nota. Cette décision a été infirmée par jugement du Tribunal civil de Coulommiers, rapportée ci-après p. 107.

TRIBUNAL CIVIL D'AMIENS

16 novembre 1858. — *Journ. des Chass.*, 23e année, 1er sem., p. 357).

Jugement qui décide que pour qu'il y ait ouverture à une action en responsabilité, il faut un **dommage appréciable.**

Le Tribunal :

Attendu qu'il résulte, tant des faits judiciairement constatés et antérieurs au procès actuel, que de trois expertises auxquelles il a été procédé en 1856, que Milleret avait fait tous ses efforts et pris toutes les mesures possibles pour détruire les lapins de son parc;

Que de plus, et après la citation du 31 décembre 1855, la première et la deuxième expertise ont constaté qu'*aucun dommage appréciable* n'était causé aux récoltes de Fourrier;

Que si à la troisième expertise, au mois de juillet, on a pu constater quelque dommage, il était d'*une si minime importance* que les experts ont estimé qu'il valait au plus *cinquante centimes*, et que, d'ailleurs, il n'est nullement établi pour le Tribunal qu'il puisse être attribué aux quelques lapins restés dans le parc de Milleret ;

Qu'en de telles conditions, aucune action en responsabilité ne peut retomber sur ledit Milleret.....

Par ces motifs, reçoit Milleret appelant du jugement rendu par le juge de paix de Nesle le 23 août 1856, met le jugement dont est appel au néant;

Décharge Milleret des condamnations contre lui prononcées, etc., etc.

JUSTICE DE PAIX DU CANTON DE MOUY

(2 décembre 1858.—*Journ. des Chass.*, 23e année, 1er sem., p. 284).

Jugement qui décide que les principes de la responsabilité s'appliquent aussi bien aux **locataires de chasse**, *qu'aux propriétaires.*

Nous, juge de paix, vu la demande formée par le sieur Delafraye d'une somme de 500 francs pour dommages-intérêts à raison du tort causé à ses récoltes par les lapins de la forêt de Neuville en Hez, dont la chasse a été adjugée à M. Patriau et consorts ;

Vu le procès-verbal de visite des lieux, ensemble le rapport des experts ;

Vu l'enquête, la contre-enquête, ensemble les documents produits dans la cause;

Attendu que les propriétaires des bois et forêts ne sont pas, comme les possesseurs de garennes, propriétaires des lapins libres qui se rassemblent dans leurs propriétés, par suite de l'instinct qui les porte à se réunir dans les lieux où il se trouve des abris et des refuges;

D'où il suit que les propriétaires des bois et forêts ne sont responsables des dommages causés par les lapins aux récoltes des champs voisins, que lorsqu'il est prouvé que, loin de les détruire ou de permettre de les détruire, ils en ont favorisé la multiplication et en ont, par leur faute, laissé accroître le nombre outre mesure;

Attendu que ce principe s'applique aussi bien *aux locataires de chasse* dans les bois et forêts qu'aux propriétaires eux-mêmes;

Attendu que par la visite des lieux litigieux, que nous avons faite le 14 août dernier avec les trois experts par nous nommés à l'effet d'apprécier la cause et la valeur des indemnités réclamées par le sieur Delafraye et de donner leur avis sur le point de savoir si les précautions prises par les locataires de la chasse de la forêt de Hez, pour détruire les lapins, ont été telles que le résultat a été atteint, il a été constaté que les dégâts ont été occasionnés par les lapins dans la récolte du sieur Delafraye, que ces dégâts et les traces que les lapins ont laissées de leur passage sont assez considérables vers la friche communale se trouvant à l'ouest, tandis qu'ils sont de peu d'importance vers l'est, c'est-à-dire dans la partie tenant à ladite forêt de Hez;

Attendu que du rapport dressé par lesdits experts le 19 août, il résulte :

1° Que les récoltes endommagées du sieur Delafraye sont de mauvaise venue par suite de la sécheresse et de leur ensemencement tardif;

2° Qu'il n'y a pas apparence de dégâts faits par les lapins dans les récoltes de Delafraye enclavées dans la forêt et que le préjudice dont peut se plaindre ledit sieur Delafraye existees le long de ladite friche communale ; qu'il est loin d'avoir l'importance et la gravité que ce dernier lui a données et n'a été évalué par les experts qu'à la somme de 67 francs 80 centimes ;

3° Que ce dommage, selon l'appréciation desdits experts, a été causé par les lapins du bois de M. de Vuillefroy, lequel, bien qu'ayant fait détruire, comme les locataires de la forêt, reçoit probablement ces lapins des bois de M. Dumoulin où la chasse est gardée et qui sont très-près des lieux litigieux ;

4° Que les experts ont aussi estimé que les lapins qui ont causé le dommage dont il s'agit, quelques-uns pouvaient venir de la forêt de Hez ;

5° Qu'il existe dans les bois de M. Vuillefroy, tenant à la friche communale, des terriers très-fréquentés et des repaires de lapins en grande quantité dans une pièce d'avoine à la suite de l'un des petits bois ;

6° Que dans les abords de la forêt que les experts ont parcourue hors de notre présence (cette forêt n'étant pas située sur le territoire de notre canton), ils n'ont trouvé de terriers que dans la partie plantée en sapins tenant aux terres exploitées par Delafraye ; que les terriers, au nombre de trois ou quatre, étaient alors bouchés ; qu'ils n'ont pas remarqué de repaires de lapins près lesdits terriers et qu'il y avait peu de repaires dans les autres parties de la forêt qu'ils ont visitées ;

7° Qu'enfin, il était à la connaissance des experts que les locataires de la chasse de la forêt avaient fait ce qu'ils avaient pu l'année dernière pour détruire les lapins de la forêt;

Attendu qu'il est établi par des pièces et documents fournies par M. Patriau, qu'indépendamment de nombreuses invitations, faites à des chasseurs de Clermont et de plusieurs villages avoisinant la forêt, les riverains de ladite forêt ont été, par des affiches et des insertions dans les journaux, faites le 5 décembre 1857, appelés périodiquement les mardis et vendredis de chaque semaine pour la destruction des lapins de ladite forêt;

Que des chasses aux chiens courants ont été faites à cet effet, dès le mois de novembre 1857 et pendant le cours de l'hiver et qu'il a été fait usage de furets pour le destruction dont il s'agissait;

Attendu que les déclarations des témoins de la contre-enquête attestent la véracité de ces faits, en même temps qu'elles établissent spécialement :

1° Que des chasses aux chiens courants, des battues et des furetages ont eu lieu pour la destruction des lapins dans les bordures de la forêt..... à partir du mois de novembre 1857, pendant le temps de la chasse et après sa clôture par suite de l'autorisation de M. le préfet;

2° Qu'il n'existait qu'une faible quantité de lapins dans lesdites bordures et particulièrement dans les sapins où il ne se trouvait non plus que quelques petits terriers appelés *jouettes* par le témoin Rouget-Derville;

3° Que le sieur Delafraye qui a assisté en personne à deux des battues, sans y prendre part, a été témoin des efforts qui étaient faits pour arriver à la destruction des lapins de la forêt de Hez;

4° Et que le sieur Tarable, garde champêtre de la

commune de Thury, lequel a reconnu avoir été présent à l'un des furetages qui ont été faits, a été chargé de boucher les terriers qui pouvaient se trouver vers les champs de Thury ;

Attendu que les dépositions des témoins de l'enquête ne sauraient diminuer l'importance des témoignages de la contre-enquête et des autres éléments de la cause ; qu'en effet, les déclarations et appréciations de ces témoins manquent de précision et présentent, pour la plupart, des contradictions entre elles et que d'ailleurs elles se trouvent détruites sur plusieurs points essentiels par le rapport d'expert susvisé ;

Attendu qu'il ne ressort pas des documents et des circonstances de la cause, que M. Patriau ait placé, attiré et conservé les lapins de la forêt de Hez ou bien encore qu'il ait favorisé leur multiplication, soit avec intention, soit par négligence ; qu'il en résulte au contraire qu'il a employé en temps utile des moyens sérieux, propres à leur destruction ; qu'il en a été effectivement détruit une certaine quantité vers les terres exploitées par Delafraye et que ces moyens de destruction, appréciés par les experts, ont eu un résultat tel que, parmi les lapins qui ont causé un dommage aux récoltes de Delafraye, quelques-uns seulement ont pu venir de la forêt ;

Attendu qu'il n'est pas non plus démontré que M. Patriau ait refusé à Delafraye invité aux battues, la permission de détruire par lui-même les lapins qui pouvaient endommager ses récoltes ;

Attendu dès lors que M. Patriau, après les mesures qu'il a prises pour détruire les lapins de la forêt et bien qu'elles n'aient pas amené leur complète disparition, ne saurait encourir de responsabilité à l'occasion du préjudice que les lapins ont pu occasionner aux récoltes de Delafraye, lequel a dû subir les conséquences fâcheuses du voisinage de la forêt et de l'impossibilité matérielle de détruire les animaux sauvages qui s'y recèlent, malgré les efforts faits pour les en faire disparaître.

Par ces motifs : Déclarons la demande du sieur Delafraye mal fondée, l'en déboutons et condamnons aux dépens.

JUSTICE DE PAIX DU CANTON DE NOGENT-SUR-SEINE

(9 mars 1859.—*Bull. spécial des décis. des juges de paix*, 2e année, p. 212).

Jugement qui décide qu'il y a responsabilité, quand on laisse subsister des **terriers**.

Le Tribunal :

Attendu que s'il résulte des explications des parties et des renseignements recueillis que, depuis plusieurs années, M. Jozon fils a pris part quelquefois aux chasses organisées par M. Périer à l'effet de détruire les lapins existant dans ses bois et que, même en son absence, ce dernier l'a autorisé à chasser et a mis ses gardes à sa disposition, il est établi par les déclarations et la reconnaissance desdites parties que depuis les dernières récoltes de 1858, M. Jozon fils s'est abstenu, soit de chasser avec ses gardes, soit d'assister aux battues qui ont pu avoir lieu depuis cette époque ;

Attendu que cette abstention, quelle qu'en soit la cause, fait supposer que M. Jozon a entendu ainsi réserver tous ses droits contre M. Périer ;

Attendu que, malgré les efforts nombreux et réitérés faits par M. Périer dans le courant de ces dernières années pour arriver à la diminution et à la destruction complète des lapins de ses bois, il paraîtrait qu'il s'en trouve encore un certain nombre et que, notamment dans la partie appelée le Souchon-Noir avoisinant les terres de M. Jozon, il existerait de grandes herbes et différents terriers qui leur servent constamment de refuge;

Attendu que le propriétaire qui, tout en faisant détruire un certain nombre de terriers dans ses domaines, en *laisse subsister quelques-uns*, est responsable du dégât causé aux propriétés voisines par la multiplication des lapins habitués dans les terriers conservés;

Ordonne que par.... expert commis, etc ,. etc., etc.

TRIBUNAL CIVIL DE COULOMMIERS

(17 mars 1859. —*Droit* du 23).

Jugement qui décide qu'on est responsable quand on a mis des lapins dans un bois.

Le Tribunal :

Attendu que, du rapport des experts en date du 16 juillet 1858, enregistré, il résulte : 1° que les terres d'Émery ont été bien cultivées et bien ensemencées, 2° et que le dommage causé aux récoltes qui se trouvaient sur ces terres a été fait, pour les trois cinquièmes, par les lapins sortis de la forêt de Crécy, dont Pereire est propriétaire; que cette expertise a eu lieu en présence des parties sous la surveillance du juge de paix ; qu'elle a été confirmée par une deuxième expertise, faite par les mêmes experts le 30 juillet 1858, enregistrée; qu'elle est régulière en la forme, juste au fond;

Attendu que s'il est résulté de l'enquête que des terriers ont été défoncés et des chasses faites après affiches et autres moyens de publication invitant les chasseurs et propriétaires à y prendre part, il faut reconnaître que ces chasses n'ont été ni assez générales ni assez répétées, et qu'elles ont été faites d'ailleurs à une époque déjà trop reculée; que, d'un autre côté, il est résulté de la contre-enquête et de documents émanant de la partie adverse d'Émery, et notamment d'ordres du jour donnés aux gardes et aussi de différents registres, que de, 1852 à 1856, aucuns moyens de destruction n'ont été employés; qu'au contraire, *les lapins ont été mis dans la forêt pour leur reproduction par les agents de Pereire* : que défense était faite aux gardes de tirer sur quelque espèce de gibier que ce soit, et qu'ils avaient l'ordre d'écarter tous les chasseurs des bordures de la forêt ;

Qu'en vain Pereire oppose l'exception de la chose jugée entre les mêmes parties, résultant du jugement du 23 avril 1857, enregistré;

Qu'aux termes de l'article 1351 du Code Nap., il faut, pour qu'il y ait autorité de la chose jugée, que la chose demandée soit la même que celle qui a fait l'objet du jugement ; que la demande soit fondée sur la même cause ; que la demande soit entre les mêmes parties et formée par elles et contre elles en la même qualité;

Que, évidemment, les dommages causés par les lapins de la forêt de Crécy aux récoltes d'Émery, dans les années 1856-1857, ne sont pas les mêmes que les dommages causés aux récoltes pendant les années 1857-1858, et que, dans l'espèce, le juge de paix, en admettant l'autorité de la chose jugée, a confondu la cause avec les moyens de la cause;

Que Pereire, en tous cas, a renoncé au bénéfice de cette exception, en demandant, au cours de l'instance, à faire la preuve des mêmes faits qui avaient été appréciés par le jugement du 23 avril 1857;

Et attendu, d'ailleurs, qu'en écartant les faits antérieurs au jugement du 23 avril 1857, il résulte suffisamment des faits postérieurs à cette époque, constatés par la contre-enquête, que Pereire n'a pas employé des moyens suffisants pour arriver à la destruction des lapins de la forêt de Crécy;

Par ces motifs, Infirme le jugement rendu par M. le juge de paix du canton de Rozoy, le 7 octobre 1858;

Émendant, entérine purement et simplement le rapport des experts;

Décharge Émery des condamnations prononcées contre lui par ledit jugement;

Condamne Pereire à payer à Émery, pour réparation du préjudice qu'il a souffert, la somme de 3,600 fr. à titre de dommages-intérêts;

Ordonne la restitution de l'amende consignée par Émery;

Et condamne Pereire en tous les dépens des demandes de première instance et d'appel.

COUR DE CASSATION

(19 juillet 1859.—*Journ. des Chass.*, 23e année, 2e sem., p. 264).

Arrêt qui décide, entre autres choses, que le fermier n'a d'action contre son propriétaire que dans les limites du droit commun.

La Cour :

Sur le premier moyen (violation des art. 1382, 1383 du Code Napoléon et fausse application de l'art. 1385) ;

Attendu que l'art. 1385 du Code Napoléon ne peut s'appliquer à la réparation du dommage causé par *le gibier en général*, puisque le gibier par sa nature sauvage, ne peut-être considéré comme étant en la possession ou sous la garde du propriétaire du domaine où il se trouve, et qu'en le décidant ainsi, le jugement attaqué n'a pas violé ledit article ;

Attendu, quant à la prétendue violation des art. 1382 et 1383 du même Code, que la responsabilité prévue par ces articles ne peut être prononcée qu'autant que le dommage, objet de la plainte, a été causé par le fait de la négligence ou l'imprudence de celui qui en est réputé l'auteur ;

Que le jugement attaqué déclare, au contraire, que loin d'avoir entretenu du gibier sur leur domaine et favorisé leur multiplication, les époux de Lyonne ont par des chasses et des battues fréquentes fait ce qui dépendait d'eux pour le détruire, éloigner et disperser le gibier existant sur leurs terres et dans leurs bois, et pouvant nuire aux propriétés voisines ;

Que dès lors cette déclaration, qui rentrait dans le pouvoir souverain des juges de fait, justifie en l'absence de toute faute constatée, le refus soit de dommages-intérêts, soit même d'expertise puisque les juges avaient les éléments suffisants d'appréciation.

Sur le deuxième moyen (violation de l'art. 1719 du même Code);

Attendu que si le bailleur est tenu de faire jouir paisiblement le preneur de la chasse louée pendant la durée du bail, et que si par conséquent, il doit être tenu de le garantir des préjudices que le gibier existant sur son domaine pourrait lui occasionner, cette obligation doit être renfermée dans les limites du droit commun, et pour le cas seulement où ce préjudice serait causé par son fait, mais que du moment où il est décidé par les motifs ci-dessus, sur le premier moyen, qu'aucune faute n'est imputable aux défendeurs éventuels, Chereau et Michaux ne peuvent réclamer comme fermiers des défendeurs la réparation d'un préjudice qui ne provient pas de leur fait;

Qu'ainsi, loin de violer les articles et les principes invoqués, le jugement attaqué en a fait une juste application;

Rejette.

JUSTICE DE PAIX DU CANTON DE GISORS (EURE)

(7 novembre 1859. —*Bull. spécial des décis. des juges de paix*).

Jugement qui décide que le propriétaire n'est pas tenu de concourir à la destruction des lapins, quand il ne les a pas entretenus et qu'il donne l'autorisation de les détruire.

Le Tribunal :

Considérant qu'il est de principe que les lapins sont des animaux sauvages, n'appartenant à personne et deviennent la propriété du premier occupant; qu'ils habitent ou se réfugient dans tous les lieux couverts, buissons, taillis, halliers, forêts, suivant que le hasard ou leur instinct les guide;

Considérant, dès lors, que lorsqu'ils viennent se fixer dans un bois, sans y être attirés, sans que leur multiplication soit favorisée par leur propriétaire, ce dernier ne saurait être responsable des dégâts causés par ces animaux aux propriétés voisines, alors surtout que, loin de favoriser leur accroissement il a employé tous les moyens en usage pour les détruire.

Considérant d'ailleurs que, en le supposant complétement étranger à leur propagation et conservation, le propriétaire de ce bois ne serait même pas tenu de concourir à la destruction de ces animaux nuisibles, pourvu qu'il fût dûment constaté qu'il a donné aux plaignants l'autorisation de pénétrer dans sa propriété, pour les détruire par tous moyens ou instruments qu'ils croiront utiles, tels que fusils, furets et défoncement de terriers;

Considérant que ces principes sont consacrés par la doctrine et la jurisprudence; qu'en effet les auteurs les plus graves et les plus accrédités les proclament; que de nombreux jugements et arrêts les confirment, et que la cour régulatrice vient d'y ajouter encore une nouvelle sanction par un arrêt de Cassation des 18, 19 et 20 juillet dernier..

Considérant que dans l'espèce soumise au tribunal, les défendeurs déjà inquiétés, les années précédentes par la réclamation de Vermesch pour prétendus dommages, paraissent avoir fait, pour mettre désormais leur responsabilité à couvert, tout ce qui leur était humainement possible pour la destruction du lapin dans le bois de Saint-Saër ; qu'en effet, il est de notoriété, et leur demande en appointement de preuves à cet égard est entièrement superflue, qu'ils ont constamment, eux et leurs amis, chassé le lapin dans ce bois ; qu'ils y ont mainte fois invité et amené de nombreux chasseurs ;

Considérant que, non contents de chasser en temps permis, Bap et de Boispréaux ont sollicité de M. le préfet de l'Eure l'autorisation de continuer, en temps prohibé, la destruction du lapin dans le susdit bois ; que cette autorisation leur a été octroyée pour en jouir jusqu'au 1er juin dernier, puis a été prorogée jusqu'au 25 août suivant ;

Considérant qu'il n'est pas méconnu que les défendeurs ont usé de cette autorisation pour eux et leurs amis, par des battues fréquentes et des chasses réitérées ;

Considérant que, pour ôter à Vermesch tout prétexte à plainte, ils ont fait *défoncer presque tous les terriers*, et ont réduit ainsi le nombre des lapins à une quantité si minime, que les experts n'ont remarqué sur le sol que très-peu de laissées, double circonstance qui ressort des constatations consignées au procès-verbal d'accession du 27 septembre dernier ;

Considérant que si plusieurs de ces terriers se sont trouvés rouverts, ce qui peut s'être fait d'ailleurs par le renard, le putois et le blaireau, aussi bien que par le lapin, il n'en résulte pas moins que Bap et de Boispréaux en les défonçant ont été au delà de ce à quoi ils étaient tenus, puisque en principe et dans la condition où ils se trouvaient, la destruction des lapins n'incombait pas nécessairement à leur charge ;

Considérant que si Vermesch, ayant à se plaindre de quelque dégât, trouvait que Bap et Boispréaux ne faisaient pas tout ce qu'il était utile de faire, il avait entière faculté de compléter ce travail, puisque ces messieurs l'avaient mis à même de conjurer tout dommage, en lui accordant l'autorisation de chasser dans lesdits bois, deux jours par semaine, et de se livrer à la destruction du lapin par tous les moyens qu'il aviserait, tels que fusil, furet et même défoncement des terriers;

Considérant que cette autorisation a été explicite et est contenue dans une déclaration signifiée à Vermesch, à la date du 15 novembre 1858 par acte du ministère, etc.;

Considérant que, dans cet état de choses, il n'y a pas lieu d'appliquer aux défendeurs, les dispositions de l'art. 1382 du Code Napoléon, puisque le dommage dont Vermesch peut avoir à se plaindre ne provient pas de leur fait; qu'ils ont fait au contraire plus qu'à suffire pour mettre leur responsabilité à couvert;

Qu'ils ne tombent pas davantage sous l'application de l'art. 1385 du Code, puisqu'il est reconnu que le lapin est de sa nature un animal sauvage, n'appartenant à personne, et qu'il résulte de l'instruction, que Bap et de Boispréaux n'ont rien fait pour l'attirer, le multiplier ou le conserver;

Par ces motifs,

Déclare Vermesch non recevable.

TRIBUNAL CIVIL DE RAMBOUILLET

(30 décembre 1859.—*Droit* du 22 janvier 1860, *Journ. des Chass.*, 24e année, 1er sem., p. 212).

Jugement qui décide : 1° Que le propriétaire d'un bois est responsable des dégâts causés par les lapins, quand il ne détruit pas ou *qu'il ne donne pas la permission de détruire ;*
2° Que la présence des lapins dans un bois ne constitue pas un des cas fortuits *mis par le bail à la charge d'un fermier.*

Le Tribunal :

Attendu, en droit, que celui qui cause du dommage à autrui n'est tenu de le réparer qu'autant qu'il est arrivé par sa faute, soit en faisant ce qu'il ne devait pas faire, soit en ne faisant pas ce qu'il devait faire ;

Attendu, d'une part, que l'habitation soit accidentelle, soit habituelle d'un bois par des animaux sauvages qui y sont attirés par le seul effet de leur instinct et sans que le propriétaire ait rien fait pour les y attirer, les y retenir ou les y multiplier, est un cas fortuit, un fléau naturel, tout à fait indépendant de la volonté et du fait de l'homme, et que par conséquent le propriétaire, n'étant dans ce cas la cause immédiate, ni même occasionnelle de leur retraite dans son bois, en principe, il n'est pas, par le seul fait de cette retraite, responsable des dégâts que ces animaux font aux récoltes des propriétés voisines ;

Attendu, d'autre part, qu'aucune loi ni aucun règlement n'oblige le propriétaire d'un bois à détruire les animaux sauvages qui y sont venus et qui y sont retenus par leur seul instinct, et que par conséquent la simple omission ou négligence de les détruire ne le rend pas responsable des dommages qu'ils causent aux champs d'autrui ;

Mais, attendu qu'il est aussi de principe général que chacun peut faire licitement ce qui lui est utile, quand il le peut sans nuire à personne; qu'il suit de là que celui dont la propriété est la cause d'un fléau naturel faisant dommage à la propriété voisine est tenu ou de détruire par lui-même la cause nuisible à son voisin, ou, à son choix, de lui donner entrée sur son héritage et de lui permettre de détruire cette cause, si le voisin offre de le faire à ses frais et de rembourser le montant du dommage causé par la destruction; que, dans cette circonstance, si le propriétaire se refuse à détruire par lui-même ou à laisser détruire, il y a alors de sa part, dans ce refus, un fait personnel qui devient la cause directe du dommage, et que, à partir de ce moment, il est donc tenu de le réparer;

Attendu que ce principe a reçu de tout temps son application et spécialement au sujet des dégâts causés par les lapins et autre gibier retirés dans les bois; en effet, qu'aux termes de l'art. 30 de l'ordonnance de 1669, de l'arrêt du Conseil du 11 janvier 1776 et de l'arrêt de règlement du Parlement de Paris du 21 juillet 1778, le propriétaire qui n'avait pas détruit les lapins et qui avait refusé aux voisins qui s'en plaignaient la permission de les chasser et de les détruire, était responsable des dégâts occasionnés par ces animaux;

Attendu que les lois des 4 et 11 août 1790, en rendant à tout propriétaire de bois le droit de chasse et d'en faire même une garenne ouverte, si bon lui semble, n'ont point dérogé à l'exception, qui, de tous les temps, a limité ce principe de droit naturel, à savoir : que, quoique libre de faire ou de ne pas faire sur sa terre ce qu'il lui plaît, le propriétaire ne peut cependant pas envoyer, même passivement, à ses voisins des choses qui leur nuisent; qu'autrement, ce serait donner à ces lois un effet directement contraire à leur but principal, qui a été de restituer à l'agriculture la protection naturelle qui lui est due et de la garantir de tous les maux que lui faisait souffrir le droit exclusif de chasse, et qu'en outre, ces maux auxquels ces lois ont voulu remédier seraient au contraire excessivement empirés si le droit de chasse, aujourd'hui rendu à tout propriétaire, emportait celui de ne pas détruire par soi-même, ou de ne pas permettre de détruire les lapins ou autre gibier qui endommagent plus ou moins les récoltes des terres voisines.

En fait,

Attendu que du rapport dressé par les experts il résulte : 1° que des dommages existaient sur les récoltes de la ferme tenue par Bosselet; 2° que ces dommages ont été causés en partie par les lapins venus du bois de Minard et en partie venus des bois de Catherinet; 2° et qu'ils sont évalués à la somme de 965 fr. 30 c., dont 731 fr. 70 c. imputables au fait des lapins des bois de Minard, et 233 fr. 60 c. imputables au fait des lapins des bois de Catherinet;

Attendu qu'il est constant au procès que Minard n'a pas employé tous les moyens propres à détruire ces animaux, qui, relativement à la quantité des terres ensemencées, ont fait un dégât considérable, et que non-seulement il n'a pas permis à Bosselet de les détruire, soit sur les terres de la ferme, soit dans les bois, mais qu'au contraire, il lui a formellement défendu de les chasser soit en plaine, soit sous bois, et qu'à ce refus doit être imputé le dommage causé ; qu'en effet la présomption est que Bosselet, intéressé pécuniairement à la destruction, s'y serait livré plus activement que Minard, intéressé au contraire, pour son agrément, à la conservation au moins partielle des lapins réfugiés dans son bois ;

Attendu d'ailleurs que la preuve de détruire sérieusement et de ne pas conserver tout ou partie des animaux nuisibles ne peut consister uniquement que dans leur destruction ou dans la permission de les détruire donnée à celui qui en souffre ; qu'autrement, à défaut de permission, la partie lésée pourra toujours prétendre à bon droit que la destruction n'est pas sérieuse ; qu'elle possède par devers elle les moyens de détruire les animaux qui lui portent préjudice ;

Et attendu que, dans ce cas, le défendeur, par son refus, mettant seul obstacle à la vérification du fait allégué par son adversaire, le moyen tiré de l'impossibilité de destruction invoqué par le propriétaire doit être écarté et l'allégation de la partie plaignante tenue comme prouvée ;

Sur le moyen tiré de la clause du bail fait par Minard à Bosselet :

Attendu que les dispositions de la loi ou les conventions particulières, qui règlent la manière dont seront supportées entre le propriétaire et le fermier les pertes occasionnées par les cas fortuits, ne sont applicables que dans le cas où les parties agissent en qualité de bailleur ou de preneur, mais non lorsque le fermier agit contre son propriétaire à tout autre titre, au nom et comme possesseur d'une propriété voisine ;

Attendu que, dans l'espèce, Bosselet ne demande pas une indemnité à Minard, en tant et parce qu'il est propriétaire de la ferme louée, mais en tant et parce qu'il est propriétaire d'un bois voisin, et cela comme il agirait contre tout autre qui serait propriétaire de ce bois ; que cela est si vrai qu'il ne demande pas, en vertu des art. 1719 et suivants du Code Napoléon, contre son bailleur une diminution de son fermage, mais bien, en vertu des art. 1382 et 1383 du même Code, une indemnité à lui due par le propriétaire d'un bois voisin, quel qu'il soit; et que dès lors les règles ci-dessus posées, concernant la responsabilité des propriétaires de bois, doivent être appliquées à Minard comme elles le seraient à l'égard d'un autre qui ne serait pas bailleur de la ferme louée à Bosselet;

Attendu, en outre, que quand bien même les cas fortuits causés par la nature de la propriété voisine appartenant au bailleur auraient été mis à la charge du preneur, et que, dans l'intention des parties, les lapins auraient été considérés comme un cas fortuit, il n'en résulterait pas encore que le bailleur ne serait pas responsable des dégâts faits par ces animaux aux récoltes du fermier, si la permission de les détruire lui avait été refusée;

Qu'en effet, les faits calamiteux ne sont cas fortuits qu'autant que la prudence humaine ne peut les prévoir ou les empêcher; mais qu'ils cessent d'être cas fortuits lorsque la diligence du bon père de famille peut s'en garantir; que, par conséquent, du moment où il lui est possible d'arrêter les conséquences du fléau naturel, le bailleur commence à en devenir responsable malgré la stipulation de son bail, s'il ne les a pas arrêtées ou s'il n'a pas permis à celui qui en souffre de les arrêter; que le refus de permission est un fait personnel au bailleur, portant préjudice à son fermier, et qu'en stipulant que les cas fortuits resteraient à la charge de ce dernier, il n'a pu entendre se décharger que des événements indépendants de sa volonté, et non de ceux qu'il avait le pouvoir de faire cesser ;

Attendu qu'il est articulé, mais nullement établi, que Minard ait loué à Bosselet sa ferme à un prix moins élevé en considération du dégât causé ordinairement par les lapins, mais que le fait positivement contraire résulte de ce qu'il est articulé par Bosselet et non dénié par Minard que ce dernier, pour la récolte de 1858, lui a payé une indemnité de 500 fr. en réparation du dommage causé par les lapins de son bois ;

Attendu que celui qui ne fait que ce qu'il a réellement droit de faire n'est pas tenu de réparer le dommage causé à autrui par son fait ;

Attendu que Bosselet, en plantant du colza dans les pièces de la ferme, voisines du bois de Minard, n'a fait qu'user de son droit, puisqu'il n'est pas articulé que son bail lui interdise d'agir ainsi ; et qu'en outre il est articulé par lui et non dénié par Minard que du colza a été également planté et en grande quantité sur des pièces de terres hors des atteintes des lapins, et qu'en conséquence, si cela était utile, il ne serait même pas prouvé que ce serait par malice que le fermier aurait cultivé du colza dans les endroits les plus rapprochés des bois ;

Mais, attendu néanmoins que des faits, circonstances et documents particuliers de la cause, il résulte que les dommages imputables à Minard doivent être réduits à la somme de 500 fr. ;

Reçoit Minard en son appel interjeté contre le jugement rendu contre lui au profit de Bosselet par M. le juge de paix du canton sud de Dourdan, le 5 août dernier;

Et au fond,

Dit qu'il a été bien jugé, mal appelé;

En conséquence,

Ordonne que ledit jugement sera exécuté suivant sa forme et teneur;

Néanmoins, réduit à la somme de 500 fr. le montant des condamnations principales prononcées contre Minard au profit de Bosselet;

Condamne Minard en l'amende consignée envers le Trésor public,

Et le condamne en outre aux dépens de première instance et d'appel, dont distraction, etc.

JUSTICE DE PAIX DU CANTON DE BACQUEVILLE (SEINE-INFÉRIEURE)

(juillet 1861,—*inédit*).

Jugement qui rend le propriétaire du bois responsable des dégâts causés par les lapins, faute par lui d'avoir donné aux parties lésées une autorisation de détruire sans restriction.

Attendu que chacun sait, et les parties ne peuvent l'ignorer, que le bois du Tilleul, ainsi que le surplus du domaine de ce nom, était une dépendance de la terre seigneuriale de Bacqueville; que ce bois s'étendait jusqu'à la croix légendaire dite de Saint-Léonard, sur le chemin de Bacqueville à Ablemont par les parcelles n° 16 à 18 compris, 23 à 30 aussi compris, au polygone A, section A du plan cadastral, contenant ensemble 27 hectares, lesquelles furent mises en défrichement, il y a moins de 50 ans, par Félix Lepelletier de Saint-Fargeau, qui devint propriétaire dudit domaine, par droit d'héritage, vers la fin du dernier siècle ;

Attendu qu'à cette époque et bien antérieurement, ce bois était une garenne ouverte sur laquelle et presque exclusivement les seigneurs de Bacqueville se livraient aux plaisirs de la chasse ; que cet état de choses ne fut point modifié par Lepelletier de Saint-Fargeau, ni par les sieurs Germain, Auguste Barbet, Durécu et Join Lambert qui par acquisition possédèrent ensuite et successivement le domaine du Tilleul ; que sous ces propriétaires la chasse dans le bois dont il s'agit était gardée ; qu'il était peuplé de lapins dont la quantité excessive nécessitait de temps à autre, vers l'automne, des chasses où l'on conviait de nombreux invités et dont le but principal était d'atténuer le tort que le gibier faisait aux récoltes;

Attendu que si l'on ne peut reprocher au sieur Jourdain d'avoir placé et attiré des lapins dans la portion du bois du Tilleul qui lui appartient, on ne saurait nier qu'en parfaite connaissance il a pris possession de cet immeuble avec sa destination primitive qu'il a maintenue ;

Qu'en effet par des gardes particuliers, ledit défendeur a fait conserver la chasse dans les 60 hectares de bois du Tilleul qu'il a acquis, comme dans son autre bois qui y est contigu et joignant d'autre part au hameau du Mont-Laudon ; qu'il est dans ses habitudes hospitalières de procurer à ses amis les distractions de la chasse sur ces mêmes propriétés; que se prévalant de ces faits, des voisins ont plusieurs fois et utilement invoqué contre le sieur Jourdain la responsabilité qui en découle;

Attendu que les sieurs Leroux et Guérillon, réclamant aussi du sieur Jourdain la réparation du dommage causé à leurs récoltes de colza par les lapins que ses bois recèlent, ont établi par l'enquête directe, par la déposition du 11me témoin de la contre-enquête, aussi bien que par la situation des portions atteintes qui touchent au bois dudit défendeur, que les dégâts ont été commis par des lapins qui sortaient de ce même bois et s'y retiraient;

Attendu que le sieur Jourdain, possesseur d'un bois toujours gardé, garni de lapins et de nombreux terriers n'est point fondé à soutenir, pour échapper à la responsabilité consacrée par l'art. 1385 du Code Napoléon, que ces lapins sont animaux sauvages et sans maître, *qu'au contraire ils sont sa propriété et qu'il* doit réparer le mal qu'ils font sur les champs d'autrui.

Attendu que pour repousser la responsabilité qu'entraîne la faute personnelle, l'imprudence ou la négligence, le sieur Jourdain n'est pas mieux fondé à prétendre qu'il a fait tout ce qui lui était possible pour détruire ce gibier;

Qu'il est prouvé que le défendeur a fait faire dans ses bois de nombreuses chasses au tir et au furet, mais que ces chasses devinrent très-actives surtout après la conciliation opérée le 17 octobre dernier entre les parties, qui choisirent verbalement chacun un arbitre pour prononcer à l'amiable sur ce litige et eurent lieu trop tard pour empêcher les dévastations; *que les relations des invités avec le défendeur démontrent qu'il s'agissait avant tout de parties de chasse ou d'agrément; qu'elles étaient insuffisantes pour remédier au mal avec efficacité, que jamais on n'employa dans ces réunions des moyens énergiques de destruction tels que battues et défoncements de terriers* ; que si le défendeur eût voulu se mettre à l'abri de tout reproche, il n'eût pas balancé à recourir à ces moyens, si difficiles que les trouve le 5me témoin de la contre-enquête ;

Attendu que le sieur Jourdain ne peut dire qu'il a concédé aux demandeurs l'autorisation de faire ce qu'il ne voulait pas mettre en pratique; qu'il les invita, il est vrai, à participer à ses chasses pendant l'hiver 1859 à 1860; qu'ils y vinrent une fois ou deux; qu'ils refusèrent d'y retourner sans une permission écrite, ainsi que l'atteste le 1er témoin de la contre-enquête;

Qu'il apparaît que cette invitation fut provoquée par des démarches courtoises, de la part des demandeurs qui se plaignaient des ravages causés sur leurs terres par les lapins et que, n'ayant pas confiance dans ce qui était mis en usage pour redresser leurs griefs, ils s'abstinrent pour réserver leur droit ;

Qu'en tous cas *une semblable invitation* ne pouvait suffire aux demandeurs pour sauvegarder leurs intérêts; que si le sieur Jourdain avait l'intention de leur donner satisfaction par cette voie, *il devait leur accorder une autorisation écrite, formelle et autrement étendue*;

Attendu que le bois du Tilleul en totalité, même la portion que fit défricher Lepelletier de Saint-Fargeau, était morcellé par des allées spacieuses et régulières, que ces allées, agréables pour la promenade, commodes pour l'exercice de la chasse ne peuvent suffire pour parvenir à la destruction du lapin ;

Que ces larges voies laissent subsister des portions de bois d'une étendue importante ; qu'ainsi la parcelle n° 20 du polygone B, section A, du plan cadastral contient 11 hectares 48 ares, mais presque entièrement divisée en deux parts égales par des impasses figurées sur ce plan ; que 6 autres parcelles ont une contenance variant de 2 hectares 93 ares à 4 hectares 39 ares ; que dès lors ces allées ne peuvent tenir lieu de lais et sentiers qu'on multiplie dans les taillis pour attaquer le lapin ;

Attendu qu'on ne peut imputer le dommage qui fait l'objet de l'action à des lapins restant dans les portions de bois défrichées cette année et indiquées au plan annexé au procès-verbal d'accession de lieux, l'une par 4 lettres E et l'autre par la lettre G ; qu'indépendamment de l'intérêt que les demandeurs avaient de les détruire, de l'émigration vraisemblable de ce qui en survivait lors de l'abatage du bois en novembre, la distance entre ces portions de bois et les terres où la récolte a souffert, l'endroit, toujours contre le bois du sieur Jourdain, où le colza a été attaqué, concordent avec les témoignages recueillis pour démontrer que les lapins ne sortaient que du bois de ce dernier ;

Attendu que s'il est vrai que la culture du colza a été contrariée et maltraitée par l'intempérie, on ne peut assigner à cette cause les dégâts prouvés par les enquêtes et constatés par l'expertise ; que le cultivateur peut se plaindre de cette fâcheuse occurrence, mais que le sieur Jourdain y trouve l'avantage d'être responsable d'un produit agricole ayant une moindre valeur...

Attendu que le sieur Jourdain a reproché avec insistance aux sieurs Leroux et Guerillon d'avoir par leurs défrichements, refoulé dans ses bois une grande quantité de lapins qui se trouvaient sur leur propriété auparavant ;

Que de bonne foi il faut admettre que les demandeurs ont dû faire leurs efforts pour anéantir le lapin dans leurs bois ; que la nécessité les y excitait pour protéger l'exploitation agricole qu'ils ont créée ;

Qu'ils avaient bien le droit de transformer ainsi leur fonds ; que les lapins, dispersés par le moyen infaillible des défrichements, sont devenus par droit d'accession, *la propriété de* ceux dont les bois leur ont offert un refuge et que par là les demandeurs se sont trouvés affranchis de toute responsabilité ;

Que pourtant les experts, sans se préoccuper des conséquences légales d'un défrichement, ni prendre en considération les pertes subies par les demandeurs les années précédentes, sans aucune compensation, ont cru devoir retrancher un cinquième de leur estimation des dommages ; que dans la discussion les demandeurs ont déclaré ne pas s'y opposer dès que cela pouvait paraître équitable.

Nous, uge de paix, statuant en premier ressort, déclarons bien et dûment faite la preuve entreprise par les demandeurs, inconcluante d'une part et au surplus faillie et manquée la contre-enquête des défendeurs ; entérinant le rapport des experts, condamnons le sieur Jourdain et le sieur Trouard-Riollo en sadite qualité, à payer auxdits sieurs Leroux et Guérillon la somme de 608 fr. pour dommages aux champs.

§ II.

JURISPRUDENCE EN CE QUI TOUCHE LES LIÈVRES.

TRIBUNAL CIVIL DE BEAUVAIS

(*Gazette des Tribunaux* du 5 mars 1841).

Jugement qui décide qu'on n'est pas responsable des dégâts causés par **les lièvres.**

Le Tribunal :

Attendu que chacun est responsable, aux termes de l'art. 1383 du Code civil, du dommage qu'il a causé non-seulement par son fait, mais encore par sa négligence ou par son imprudence;

Attendu qu'il résulte de plusieurs arrêts de la Cour de cassation, et notamment d'un arrêt du 3 janvier 1810, que ce principe de droit est applicable au cas où le propriétaire d'un bois y laisse multiplier excessivement les lapins et en empêche la destruction par les propriétaires voisins ;

Attendu qu'il n'y a pas de raison pour ne point étendre le même principe au cas *où le bois, sévèrement gardé par les ordres du propriétaire*, sert de refuge *aux lièvres* qui causent des ravages dans la plaine; que le même motif de décider s'applique aux lièvres comme aux lapins.

JUSTICE DE PAIX DE BOISSY-SAINT-LÉGER

(14 août 1847.—*Droit* du 2 janvier 1848).

Jugement qui décide qu'il n'y a aucune distinction à faire **entre les lièvres et les lapins**, *relativement à la responsabilité.*

Le Tribunal :

Attendu que pour repeupler la forêt la Liste civile a laissé multiplier le *lièvre;*

Que la présence d'une grande quantité de ces animaux dans la récolte de Bonfils est attestée par des passages nombreux et par des laissées dont la terre est jonchée;

Que même plusieurs ont été vus durant le cours de la visite;

Attendu que la Liste civile est propriétaire de toutes les terres enclavées dans la forêt, à l'exception des uselles de Draveil, dans lesquelles, à cause des exploitations de pierres, le lièvre ne peut se plaire;

Que la chasse y est interdite et gardée comme la forêt elle-même;

Que les lièvres ne pouvant provenir, et ne venant, en effet, que de ces terres ou de ces bois, c'est à la Liste civile seule qu'on doit attribuer leur présence et leur multiplication;

Attendu, dès lors qu'il n'y a pas lieu de distinguer entre les dommages causés par les lièvres et ceux causés par les lapins; que la Liste civile doit la réparation des uns et des autres, au même titre et en vertu des mêmes principes;

Condamne la partie défenderesse à payer à Bonfils la somme de 1090 fr.

Nota. Mêmes principes consacrés entre les mêmes parties par jugement du même Tribunal en date du 9 décembre 1848.

(*Droit* du 15 décembre.)

Voir aussi le jugement du Tribunal de Corbeil du 2 décembre 1847, rapporté dans le paragraphe précédent.

JUSTICE DE PAIX DU CANTON DE FONTAINEBLEAU

(14 janvier 1856. — *Journ. des Chass.*, 22e année, 2e sem., p. 253).

Jugement qui décide qu'on n'est pas responsable des dégâts causés par **des lièvres.**

Le Tribunal :

Considérant que malgré la similitude qui se trouve dans la conformation apparente du *lièvre* et du lapin, il est également reconnu qu'il existe dans les allures, les goûts et les habitudes de ces deux espèces d'animaux des différences essentielles;

Qu'ainsi, contrairement au lapin, qui ne recherche que les bois où il se creuse des terriers pour s'abriter, le lièvre se plaît et vit indistinctement dans les plaines, les vignes, comme dans les bois, et se contente d'un simple gîte, qu'il pratique à la surface du sol, à l'endroit où il lui convient de s'arrêter;

Qu'à la différence du lapin, réputé appartenir au propriétaire du sol dans lequel est creusé son terrier, le lièvre a toujours été considéré comme gibier de plaine aussi bien que de bois, vignes, buissons, ou marais, et comme n'appartenant à personne;

Qu'en effet, on ne trouve dans les annales judiciaires

aucun arrêt ni jugement qui, pour cause de dégâts commis par des *lièvres*, aient prononcé des condamnations contre des propriétaires de bois qui servaient d'abri à ces animaux;

Qu'il suit de là que l'action en indemnité de Demeufve, en ce qu'elle a pour objet les dégâts commis par les lièvres à sa récolte, ne peut être accueillie;

Déboute, etc., etc.

JUSTICE DE PAIX DU CANTON DE MONTEREAU

(22 décembre 1858.—*Journ. des Chass.*, 23e ann., 1er sem., p. 394).

Jugement qui décide : 1° Qu'un propriétaire de bois n'est responsable que des dégâts causés par des lapins, et non de ceux causés par les **lièvres**.

2° Que la présence des lapins constitue une sorte de servitude naturelle.

Le Tribunal :

Attendu que la demande collective formée par Chereau et Micheaux contre le comte et la comtesse de Lyonne a pour objet la nomination d'experts, à l'effet de constater dès maintenant, au mois d'avril prochain et à l'approche de la récolte, les dommages actuels et ceux éventuels faits ou qui pourront être faits aux récoltes des demandeurs par le gibier *de toute nature*, qu'entretiendraient les défendeurs dans les bois leur appartenant, limitrophes des fermes de Plat-Buisson et de Mauperthuis, exploitées par les demandeurs;

Attendu qu'avant d'admettre ou de rejeter la demande ainsi posée, il y a lieu d'examiner si le dommage causé aux récoltes par le gibier *de toute nature* peut donner lieu, au profit des demandeurs, à une action en responsabilité contre les défendeurs à raison du voisinage de leurs bois ou bien si seulement, comme ceux-ci l'ont prétendu, cette action doit être restreinte au dommage qui serait causé par *une seule espèce de gibier : les lapins* ;

Attendu que le gibier pris dans sa généralité, à raison de sa nature sauvage et errante, n'appartient à personne, ne peut être réputé attaché à telle ou telle propriété et en faire partie ; que si, par exception et conformément d'ailleurs aux dispositions limitatives des art. 524 et 564 du Code Napoléon, les lapins peuvent être considérés comme appartenant au propriétaire du fonds où ils ont établi leurs terriers, cela tient à des habitudes sédentaires ;

Attendu que l'art. 1385 du Code Napoléon, par cela même qu'il limite ses dispositions aux propriétaires des animaux qui ont causé le dommage, fait assez entendre que ces mêmes dispositions ne peuvent pas être appliquées à celui dans l'héritage duquel se trouvent des animaux dont il n'est pas propriétaire.

Qu'il suit de là que, sans qu'il soit besoin d'examiner si les demandeurs ont éprouvé ou peuvent craindre des dommages causés à leur ensemencement, par le gibier de *toute nature*, sorti des bois des défendeurs ou qui s'y est multiplié naturellement, ceux-ci ne pourraient être tenus que de la réparation des dommages causés aux récoltes par les lapins considérés comme leur propriété, qu'ils entretiendraient dans ces mêmes bois, et dans lesquels ils les laisseraient se multiplier ;

Attendu qu'à raison de la grande étendue des fermes exploitées par les demandeurs, à raison aussi des cultures de racines plus largement faites dans ces grandes exploitation et à raison encore de leur voisinage de grandes propriétés de bois, le gibier y est par cela même plus spécialement attiré, et que c'est là une *servitude naturelle* préexistante à l'exploitation par les demandeurs des fermes de Plat-Buisson et de Mauperthuis et qu'on ne saurait imputer aux défendeurs;

Attendu qu'on ne saurait non plus reprocher aux défendeurs aucune négligence ayant pour effet de favoriser soit dans leurs bois, soit dans les terres dépendant des fermes par eux affermées la multiplication du gibier;

Qu'il résulte, en effet, de justification faite à l'audience que les défendeurs chassent et font chasser presque chaque jour, et font en outre pratiquer de fréquentes battues, tant dans les bois du domaine de Forges que sur les terres qui composent les fermes dépendant de ce domaine;

Par ces motifs,

Dit qu'il n'y a lieu par les experts dont la nomination est demandée, qu'à la constatation du dommage qui serait causé aux ensemencements et aux récoltes des demandeurs par les lapins, à *l'exclusion de tout autre gibier*...

Nota. Dans l'espèce, l'action était dirigée à l'occasion de prétendus dégâts causés par des lapins et des *lièvres*.

TRIBUNAL CIVIL DE FONTAINEBLEAU

(3 février 1859.—*Journ. des Chass.*, 23e ann., 1er sem., p. 394).

Jugement qui décide qu'on n'est pas responsable des dégâts causés par des **lièvres.**

Le Tribunal :

Attendu que s'il est de jurisprudence que les dégâts causés par les lapins donnent lieu à une action en responsabilité contre les propriétaires des bois dans lesquels ces animaux creusent leurs terriers, il en est autrement lorsqu'il s'agit de dommages causés aux récoltes *par les lièvres* ;

Qu'en effet, à la différence des lapins qui, selon les expressions d'un ancien auteur, sont comme en la *puissance du propriétaire* auquel *appartient le buisson* ou *le terrier*, à cause de *l'habitude et accoutumance* qu'ils ont prise de retourner au même gîte, les lièvres ne sont pas sédentaires et ont toujours été considérés comme *gibier de plaine, aussi bien que de bois,* et comme n'appartenant à personne ;

Attendu, en outre, que si les terres exploitées par les appelants sont contiguës aux bois du comte de Lyonne, qui, en les leur louant, s'est réservé le droit de chasse elles sont aussi dans le voisinage de bois appartenant à d'autres propriétaires ;

Que dans ces circonstances les experts seraient inhabiles à constater comme ils pourraient le faire en ce qui concerne les lapins, si les dégâts ont été occasionnés par des lièvres entretenus dans les bois de M. le comte de Lyonne ;

Par ces motifs et ceux énoncés au jugement de M. le juge de paix de Montereau,

Confirme ledit jugement, etc.

JUSTICE DE PAIX DU CANTON DE NOGENT-SUR-SEINE (AUBE)

(3 août 1859.—*Bull. spécial des décis. des juges de paix*, II, p. 217).

Jugement qui décide qu'on n'est point responsable des dégâts causés par **les lièvres**.

Le Tribunal :

En ce qui concerne les lièvres ;

Attendu que ces animaux ne sont pas sédentaires; qu'habitant indistinctement la plaine et le bois, ils ont toujours été considérés comme gibier de plaine aussi bien que de bois, et comme n'appartenant exclusivement à personne ;

Attendu, en effet, que toutes les fois que M. Périer fait des chasses ou des battues dans ses bois, ce qui arrive fréquemment, une grande partie des lièvres qui s'y trouvent ou y cherchent un refuge, s'éloignent en plaine, et sont détruits par les chasseurs des environs, qui s'empressent d'accourir au premier coup de fusil ;

Attendu que si, depuis deux ans notamment, les lièvres sont devenus plus nombreux dans ces contrées, cela tient surtout aux temps chauds et favorables qui ont facilité leur reproduction;

Attendu que depuis cette époque, M. Périer n'a plus limité le nombre des lièvres qui devaient être abattus pendant les chasses, et qu'en faisant des traques en plaine la veille des chasses, M. Périer par ce moyen, n'avait pour but que de faire détruire une plus grande quantité de gibier;

Attendu que pour rendre responsable M. Périer, il faudrait qu'il fût positivement établi qu'il est coupable, soit de négligence pour ne pas avoir fait détruire les lièvres de ses bois, soit d'imprudence pour avoir facilité leur reproduction ; que ni l'un ni l'autre de ces griefs ne peut lui être reproché;

Déclarons la demande de M. Jozon, quant à ce chef, non recevable et mal fondée ;

Mais attendu qu'il résulte tant de notre inspection des lieux que des rapports des divers experts, en date des 21 mars, 9 et 13 juillet dernier, que malgré les efforts nombreux et réitérés faits par M. Périer pour arriver à la destruction ou à la diminution du gibier qui se trouve dans ses bois, il en existait encore avant et pendant l'hiver une certaine quantité, et que bon nombre des terriers leur servaient constamment de refuge ;

Attendu que les lapins, en se répandant dans la plaine, ont causé à M. Jozon un certain préjudice ;

Attendu que le propriétaire de bois est responsable des dommages causés sur les terres environnantes par les lapins qui séjournent continuellement dans ses bois;

Condamne, etc., etc.

COUR DE CASSATION

(24 juillet 1860.—*Journ. des Chass.*, 24ᵉ ann., 2ᵉ sem., p. 399).

Arrêt qui décide qu'on est responsable des dégâts causés par les **lièvres** *quand on les a entretenus et gardés dans un bois.*

La Cour :

En ce qui touche le moyen tiré de la fausse application des art. 1382 et suivant du Code Napoléon, concernant *les lièvres*;

Attendu qu'il est déclaré par le jugement attaqué que ces animaux sont entretenus et gardés dans les bois dont la chasse est louée aux demandeurs en cassation pour le plaisir de cette chasse ;

En ce qui touche le même moyen concernant *les lapins*;

Attendu qu'il ressort des termes de la décision à cet égard que c'est dans l'intérêt de la chasse louée et pour en augmenter les avantages, que l'on a laissé s'accroître ce genre de gibier dans les bois dont il s'agit et que, par une juste présomption, c'est à cette cause que se rattache le dommage produit par ces animaux ;

Qu'ainsi la décision fondée sur les art. 1382 et 1383 du Code Napoléon est suffisamment justifiée ;

REJETTE....

Pourvoi formé par MM. Chéronnet et Bourgeois contre un ugement du Tribunal de Senlis du 16 novembre 1859.

§ III.

JURISPRUDENCE EN CE QUI TOUCHE LES SANGLIERS.

JUSTICE DE PAIX DU CANTON DE RIBECOURT

(25 mai 1860.—*Journ. des Chass.*, 25e ann., 1er sem., p. 219).

Jugement qui décide qu'on est responsable des dégâts causés par les **sangliers.**

Le Tribunal :

Attendu qu'il est constant et reconnu en fait que les demandeurs sont propriétaires ou fermiers de parcelles de terre avoisinant les forêts d'Ourscamp et de Carlepont;

Attendu qu'il est également constant et prouvé au procès que ces diverses parcelles de terre étaient, les unes plantées en pommes de terre, les autres ensemencées en seigle, blé et avoine pour en faire la récolte en 1859;

Attendu que les demandeurs prétendent que leursdites récoltes en pommes de terre, blé, seigle et avoine, auraient été ravagées par des sangliers entretenus en grand nombre dans les forêts d'Ourscamp et de Carlepont, réclament à l'administration de la Liste civile, comme ayant la jouissance exclusive de la chasse des sangliers dans ces forêts appartenant à l'État, les répa rations des dommages causés par les animaux sauvages dont il s'agit sur leurs parcelles de terre susindiquées, et qu'ils appuient leur action sur l'avis de trois experts qui auraient constaté lesdits dommages et en auraient fixé l'importance pour chacun des demandeurs;

Attendu, en effet, qu'il est représenté pour les demandeurs deux procès-verbaux dressés le 27 septembre dernier par MM. Vignon et Dallouette et Gambier, experts nommés par deux ordonnances de référé rendues par M. le président du tribunal civil de Compiègne, en date des 26 août et 13 septembre 1859, enregistrés; qu'il résulte desdits procès-verbaux, qui ont été enregistrés et déposés au greffe du tribunal et expédiés, que les experts susnommés, après avoir prêté serment, ont visité les parcelles de terre des demandeurs, constaté les dégâts qu'ils y ont reconnus avoir été causés par les sangliers, surtout des forêts d'Ourscamp et de Carlepont, et évalué ces dégâts à la somme totale de 3,710 francs 89 cent., répartie entre les demandeurs suivant leurs droits;

Mais attendu que l'administration de la Liste civile prétend qu'elle n'est nullement responsable des dégâts qui auraient été commis par des sangliers réfugiés dans les forêts d'Ourscamp et de Carlepont; que les sangliers étaient des animaux sauvages qui n'appartenaient pas au propriétaire de ces forêts, et que, sous ce premier rapport, l'article 1384 du Code Napoléon serait inapplicable dans l'espèce; que d'un autre côté les forêts d'Ourscamp et de Carlepont ne faisaient pas partie du domaine de la couronne, que seulement le droit de chasse en avait été concédé à la Liste civile, qui avait d'ailleurs fait procéder à la chasse et à la destruction des sangliers;

Attendu que ce système de défense de l'administration de la Liste civile est inadmissible; qu'en effet, cette administration se trouvant de son aveu, quant à la chasse, au lieu et place de l'État, propriétaire desdites forêts, doit supporter les inconvénients de sa position, aussi bien qu'elle profite des avantages y attachés; que la chasse est l'avantage et la garde du gibier l'inconvénient, et que la responsabilité ne peut donc être déclinée par la Liste civile en principe;

Au fond, attendu que le droit de chasser et de conserver du gibier est incontestable, mais qu'il a des limites et cesse d'être licite lorsqu'il cause à autrui un dommage réel; que s'il est permis de conserver du gibier sur sa propriété ou sur celle dont la chasse vous appartient, ce ne peut être qu'à la condition qu'il y restera, et qu'il n'en sortira pas pour aller se nourrir aux dépens des propriétés voisines et dévaster les récoltes;

Que celui-là donc qui a conservé des animaux sauvages, tels que *des sangliers*, dans l'intérêt de sa chasse, devient responsable du dommage qu'il cause et doit les détruire, alors surtout qu'il en a seul les moyens et le droit; qu'il ne saurait justement exiger qu'on sacrifie à son plaisir l'intérêt des cultivateurs; que c'est là ce que décident la raison et l'équité, ce que prescrit l'intérêt public et ce qui se trouve sanctionné par l'article 1383 du Code Napoléon; qu'il y a eu imprudence de la part de l'administration de la Liste civile à laisser les sangliers s'établir dans les forêts d'Ourscamp et de Carlepont et s'y multiplier, et dans tous les cas à ne pas les détruire ; qu'elle est donc responsable envers les demandeurs du préjudice dont ils se plaignent et qu'ils justifient ainsi qu'il a été dit précédemment ;

Attendu, en outre, qu'il résulte des débats que la Liste civile a non-seulement négligé de détruire ou de faire détruire les sangliers des forêts d'Ourscamp et de Carlepont, mais encore qu'elle ne s'est pas prêtée à en laisser opérer la destruction par les propriétaires voisins, et qu'il y a encore là imprudence de sa part ;

Attendu enfin qu'il est surabondamment démontré au procès que les dégâts dont la réparation est demandée ont été causés par les sangliers provenant des forêts d'Ourscamp et de Carlepont ;

Attendu que l'administration de la Liste civile prétend aussi que les expertises prescrites par M. le président en état de référé seraient nulles comme incompétemment ordonnées, et que dans tous les cas les experts n'avaient pu faire de constatations par commune renommée ;

Attendu, à l'égard de la validité du référé dont il s'agit, qu'il n'y avait pas d'instance principale introduite quand cette mesure provisoire a été ordonnée, et que dès lors M. le président du Tribunal civil n'était pas incompétent pour la nomination des experts ; que sans doute il aurait été préférable que les demandeurs eussent agi devant le tribunal compétent sans recourir à ce circuit de procédure, qui n'a fait que retarder la solution du procès, l'a rendu plus difficile et a augmenté considérablement les frais de l'instance ; mais que ces inconvénients ne peuvent entraîner la nullité des expertises, et qu'enfin si les experts ont apprécié certains dommages par commune renommée, ils n'ont pu procéder autrement, et qu'aucune des évaluations fixées par eux n'a paru exagérée au Tribunal, qui a vérifié lui-même chaque demande;

Quant aux frais,

Attendu qui si la loi met les dépens à la charge de la partie qui succombe dans une instance, ce ne peut être que les dépens utiles et indispensables, et que dans l'espèce les frais de référé sont une superfluité et qu'ils doivent rester à la charge des demandeurs;

Par ces motifs,

Entérine pour être exécutés selon leur forme et teneur les procès-verbaux d'expertise susénoncés et datés, condamne en conséquence l'administration de la Liste civile à payer aux demandeurs les indemnités fixées pour les dégâts dont il s'agit au procès, etc.

JUSTICE DE PAIX DU CANTON DE PRÉMERY

(2 octobre 1860.—*Droit* du 5 décembre 1860, et *Journ. des Chass.*, 25e ann., 1er sem., p. 217).

Jugement qui décide qu'on n'est jamais responsable des dégâts causés par les **sangliers**.

Le Tribunal :

Attendu que s'il est établi en fait qu'un dommage a été causé aux champs du demandeur par des sangliers provenant de la forêt de Charnouveau, ainsi que le constate le rapport des experts, il y a lieu d'examiner si le défendeur peut en être responsable, aux termes de l'article 1383, invoqué par le demandeur ; qu'il y a lieu d'examiner si le défendeur a usé de son droit en interdisant la chasse dans ses forêts et si l'article invoqué peut lui être appliqué ;

Attendu que l'article 3 de la loi du 4 août 1789 est ainsi conçu : « Le droit exclusif de la chasse et des garennes ouvertes est pareillement aboli, et tout propriétaire a le droit de détruire et de faire détruire, seulement sur ses possessions, toute espèce de gibier, sauf à se conformer aux lois de police qui pourront être faites relativement à la sûreté publique ; »

Qu'il est dit par l'article 1er de la loi du 3 mai 1844, que nul n'aura la faculté de chasser sur la propriété d'autrui sans le consentement du propriétaire ou de ses ayants droit ;

Que le défendeur avait donc le droit d'interdire la chasse au demandeur sur ses propriétés ;

Que le demandeur devait se renfermer dans le seul droit qui lui appartient de détruire les animaux nuisibles sur sa propriété, et là où il était suffisamment autorisé ;

Que c'est en vain que le demandeur invoque l'arrêt de la Cour de cassation du 3 janvier 1810 (la dame de Massy contre la dame de Montmorency) ;

Que la Cour rejeta le pourvoi de la dame de Montmorency en vertu de l'article 1385 du Code Napoléon ;

Que, dans ce procès, il s'agissait de lapins et non d'autres animaux sauvages ;

Que le lapin peut, en quelque sorte, être considéré comme un animal à résidence fixe, dont le propriétaire de la forêt où il est fixé peut être responsable, surtout lorsqu'il apporte tous ses soins à sa conservation ; que le sanglier, au contraire, a des habitudes nomades ; qu'il est *res nullius* ; qu'on ne peut dire que l'on favorise sa multiplication en lui assurant une retraite paisible, puisqu'il est constant que le sanglier qui se trouve dans une forêt est le lendemain à de grandes distances;

Que si les propriétaires de forêts pouvaient être responsables des dégâts commis par les sangliers, ils le seraient également des renards, des loups et des autres animaux qui peuplent les forêts ;

Que, si ce principe était admis, les propriétaires de forêts seraient soumis à une foule de demandes exorbitantes et abusives;

Qu'on ne saurait donc dire qu'il y a eu imprudence ou négligence de la part du défendeur, puisqu'il ne peut dépendre de lui de détruire des animaux qui ne font que passer sur ses propriétés comme sur celles des autres, et qui appartiennent au premier occupant;

Par tous ces motifs, disons que le comte d'Osmond ne saurait être responsable des dommages causés par les sangliers aux propriétés de M. Thibault;

En conséquence, déclarons la demande de M. Thibault mal fondée et non recevable, l'en déboutons et le condamnons aux dépens.

§ IV.

JURISPRUDENCE EN CE QUI TOUCHE LES CERFS, BICHES, CHEVREUILS, ETC.

TRIBUNAL CIVIL DE ROUEN

(23 juin 1858.—*Journ. des Chass.*, 22e ann., 2e sem., p. 214).

Jugement qui décide qu'on peut être responsable des dégâts causés par les **cerfs et les biches**.

Le Tribunal :

Attendu qu'en 1854 M. Leduc s'est rendu adjudicataire, pour neuf ans, de la chasse de la forêt de Roumare ; qu'en vertu du droit qui lui était accordé par le cahier des charges il s'est adjoint sept personnes dans la jouisssance de son bail ; que par un accord intervenu entre eux, quatre, dont Leduc fait partie, ont seuls le droit de chasser les gros animaux, tels que les cerfs et les biches ; que les quatre autres ne peuvent chasser que le petit gibier, sous peine d'une indemnité de 300 francs ; qu'ils sont tous autorisés par le bail à se faire accompagner par un certain nombre de personnes qui est fixé à trois pour l'adjudicataire et à deux pour les autres ayants droit ; qu'enfin et par substitution de l'administration forestière, Leduc, en sa qualité d'adjudicataire, est chargé de la responsabilité des dommages qui pourraient être causés aux propriétés riveraines de la forêt par les animaux nuisibles et par toute espèce de gibier ;

Attendu qu'il est constant que *les cerfs et les biches* ont causé depuis deux ans des dommages graves aux récoltes des terres qui avoisinent la forêt de Roumare ; que cela est prouvé par les plaintes nombreuses qui se sont produites, par les indemnités que Leduc a payées, par les battues qu'il a lui-même demandées et qui ont été exécutées sous sa direction en 1857 ; par celles qui s'exécutent en ce moment, également sur sa demande, mais aussi sur les réclamations adressées à l'autorité administrative par un grand nombre de cultivateurs de cinq communes limitrophes de la forêt ; qu'il existe en outre, dans la cause de ce dommage, un principe de responsabilité contre Leduc ; qu'en effet, dans les premiers temps de son bail, il n'avait *chassé que le cerf et n'avait pas tué une seule biche* ; qu'il n'en avait pas été tué non plus par les chasseurs au fusil, auxquels le droit en avait été interdit ; qu'il en résulte de là que *les biches* qui *sont sédentaires* et *non nomades*, qui, lors même qu'elles sortent de la forêt à une certaine époque de l'année, y reviennent presque toujours, *se sont multipliées* et sont devenues nuisibles, ce qu'elles n'avaient pas été antérieurement ;

Qu'en admettant, ainsi que l'articule Leduc, que les défrichements qui ont été faits dans le centre de la forêt les aient reportées vers les extrémités voisines de la plaine, et que ce fût même là la seule cause des dommages, ce qui est loin d'être démontré, Leduc n'en serait pas moins encore responsable ;

Que ces défrichements avaient en effet commencé

avant son bail ; qu'il en avait accepté les conséquences ; que, quand le mal s'est produit, il devait le faire cesser autant qu'il était en lui ; *que les moyens qu'il a employés étaient insuffisants* ; qu'il fallait accorder aux chasseurs au fusil le droit de tirer sur les biches, faire des chasses pendant l'hiver et non de simples battues au printemps ;

Que c'était l'obligation de Leduc ; que sans doute *le droit de chasse et de conserver le gibier est incontestable, mais qu'il a ses limites et cesse d'être licite lorsqu'il cause à autrui un dommage réel* ; qu'il est permis de conserver, et même de laisser multiplier sur sa propriété, des cerfs et des biches, mais que c'est à la condition qu'ils y resteront ; que si, soit à raison de leur trop grand nombre, soit pour toute autre cause, ils en sortent pour aller se nourrir aux dépens des propriétés voisines et dévaster les récoltes, le droit n'existe plus, lorsqu'il s'étend abusivement sur la propriété d'autrui ;

Que celui qui les avait conservés dans l'intérêt de la chasse devient responsable du dommage qu'ils causent et doit les détruire, alors surtout qu'il en a seul les moyens et le droit, même dans les lieux qui leur servent de refuge ; qu'il ne saurait justement exiger qu'on sacrifie à l'intérêt de son plaisir celui bien autrement précieux et légitime des cultivateurs ; que c'est là ce que décident la raison et l'équité, ce que prescrit l'intérêt public et ce qui se trouve sanctionné par l'art. 1383 du Code Napoléon, qui rend chacun responsable du dommmage qu'il cause non-seulement par son fait, mais encore par sa négligence ou son imprudence ; qu'il y a eu imprudence de la part de Leduc *à laisser les biches se multiplier* et en outre *négligence à ne pas les détruire* ;

Qu'il est donc responsable envers Pouger, cultivateur à Canteleu, du préjudice dont il se plaint, si ce préjudice est justifié, etc., etc.

Par ces motifs :

Le Tribunal dit qu'il a été bien jugé, mal appelé, ordonne que ce dont est appel sortira son plein et entier effet.

JUSTICE DE PAIX DU CANTON DE LANGEAIS (INDRE-ET-LOIRE)

(11 janvier 1861,—*inédit*).

Jugement qui décide que le propriétaire d'un bois n'est pas responsable des dégâts causés par les **cerfs, biches et chevreuils.**

Nous, juge de paix....

Attendu qu'il est de principe que pour être responsable d'un dommage, il faut l'avoir causé par sa faute, sa négligence ou son imprudence (art. 1382 et 1383 du Code Napoléon);

Que la faute est l'élément indispensable de la responsabilité;

Que ce principe a été consacré par plusieurs jugements, notamment par un jugement du Tribunal de Rambouillet du mois de décembre 1859 qui a reconnu : 1° que l'habitation soit accidentelle, soit habituelle d'un bois par des animaux sauvages qui y sont attirés par le seul effet de leur instinct et sans que le propriétaire ait rien fait pour les y attirer, les y retenir, les y multiplier, est un cas fortuit, un fléau naturel, tout à fait indépendant de la volonté ou du fait de l'homme et que, par conséquent, le propriétaire n'étant, dans ce cas, la cause immédiate ni même occasionnelle de leur retraite dans son bois, en principe il n'est pas, par le seul fait de cette retraite, responsable des dégâts que ces animaux font aux récoltes des propriétés voisines;

2° Et qu'aucune loi, ni aucun règlement n'oblige le propriétaire d'un bois à détruire les animaux sauvages qui y sont venus et qui y sont retenus par leur seul instinct, et que, par conséquent, la simple omission de les détruire ne le rend pas responsable du dommage qu'ils causent au champ d'autrui;

Qu'il y a lieu, dès lors, d'examiner la question de savoir si le dommage dont se plaint M. de Sennecourt, dommage qui n'est pas nié d'ailleurs et dont il demande réparation à M. Baillon, peut être imputé à ce dernier;

Attendu que si M. Baillon est propriétaire d'une certaine quantité de bois qui joignent le domaine de M. de Sennecourt, M. de Sennecourt en possède, aussi lui, au même lieu et qu'il existe en outre dans la contrée une immense tenue de propriétés boisées;

Que les cerfs, les biches et les chevreuils peuvent indifféremment habiter tous ces bois;

Que si quelques-uns de ces animaux ont pu, vers la fin de l'année 1860, guidés par le seul effet de leur instinct naturel, venir se réfugier dans ces lieux, soit plus particulièrement dans les bois de M. Baillon, ce propriétaire ne peut, par ce seul fait, être tenu de réparer les dégâts qu'ils avaient causés aux récoltes des voisins;

Qu'il faudrait pour qu'il en fût autrement que M. Baillon eût tenté de les y attirer, de les y fixer ou multiplier pour le plaisir de la chasse, ce qu'il n'a point fait ni voulu faire ; en effet il n'est point chasseur, il n'a point de matériel de chasse et nous n'avons aucune raison de douter de la vérité de ses assertions, quand il avance que s'il accompagne quelquefois ses amis qui viennent chasser sur sa propriété, et ses gardes, il porte un fusil et tire comme eux sur les animaux qui se présentent à distance, et que ses gardes eux-mêmes qu'il a pour la conservation de sa propriété, loin d'épargner les cerfs, les biches et les chevreuils, en avaient au contraire depuis quelques années, tué une certaine quantité;

Que sans doute, des chasses à courre ont eu lieu dans les bois de M. Baillou, mais que si ces chasses ne sont pas aussi meurtrières que celles au fusil, elles n'en sont pas moins un moyen de destruction;

Que rien d'ailleurs ne l'oblige à en agir autrement, ne peut même le contraindre à se livrer d'une manière ou d'une autre à la destruction d'animaux qui ne lui appartiennent point, qu'il n'a point attirés ni personne pour lui, qu'il n'a point sous sa garde et qui sont naturellement venus s'installer momentanément dans ses domaines;

Qu'il est à la vérité de jurisprudence constante que le propriétaire est responsable des dégâts occasionnés par les lapins qui se trouvent sur sa propriété, et que celui qui veut se décharger de cette responsabilité, quand il n'a rien fait pour conserver ou multiplier ces animaux, doit accorder à la personne qui a éprouvé le dommage et à la charge de laquelle, dans ce cas, est la destruction, le droit de pénétrer dans cette propriété et d'user, pour arriver à cette destruction, de tous les moyens en usage;

Que cela se conçoit; le lapin, en effet, est un animal très-casanier, qui multiplie considérablement, qui fait élection de domicile sur un point donné dont la présence est constamment signalée, le plus souvent, par des terriers ouverts dans un cercle restreint qui lui servent d'habitation et par des dévastations continuelles (car il est très-malfaisant et nuisible, et il est classé comme tel) et la chasse dirigée contre lui ne peut offrir de grands inconvénients pour la propriété sur laquelle il s'est retiré, puisqu'elle ne demande guère d'autre soin que celui du furetage ou du défoncement des terriers, ou bien celui d'une poursuite à travers quelques buissons, si ce sont des buissons qu'il y a choisis de préférence ; mais peut-il en être ainsi quand il s'agit d'autres animaux sauvages tels, par exemple, que des cerfs, des biches, des chevreuils ? Nous ne le pensons pas : *les cerfs, les biches, les chevreuils sont des animaux nomades;* ils viennent aujourd'hui sur un point, ils le quittent demain pour n'y plus reparaître, et déjà ils sont loin depuis longtemps quelquefois, quand on s'aperçoit du dommage qu'ils ont pu causer en passant, de sorte que le propriétaire des lieux qu'ils ont parcourus n'a pu prévoir ni empêcher ce dommage. Pourquoi en serait-il responsable ?

Et doit-on le contraindre à laisser son voisin venir chasser sur sa propriété, la parcourir, la fouiller dans toutes ses parties avec des chasseurs, des batteurs à son choix et en telle quantité qu'il lui plaise?

Quelque respectables que soient les intérêts de l'agriculture, on ne peut leur sacrifier à ce point ceux de la propriété boisée ; ce serait, croyons-nous, exposer les propriétaires de bois à des tracasseries continuelles, ouvrir la porte à bien des abus, exciter la cupidité, donner naissance à bien des haines, à des rancunes dangereuses, peut-être même favoriser en quelque sorte le braconnage, qui conduit assez ordinairement à des habitudes d'oisiveté et de désordre, quelquefois même plus loin, et par suite mener à la destruction complète du gibier, que notre dernière loi sur la police de la chasse a voulu au contraire protéger, en même temps que la propriété et l'agriculture ;

Que le propriétaire de bois doit bien, ce nous semble, mais à titre de bon voisinage seulement, et sans que rien puisse l'y contraindre, user dans un cas de dommage réel de tous les moyens en son pouvoir pour en éloigner ou détruire la cause et venir ainsi en aide au voisin lésé, qui a incontestablement, de son côté, le droit de détruire en tout temps sur sa propriété avec des armes à feu, les bêtes fauves qui portent dommage à cette propriété; c'est ce qu'a fait M. Baillon;

En effet, avant celle de M. de Sennecourt, aucune plainte ne s'était produite jusqu'à ce jour; depuis, M. Baillon a fait faire des battues qui ont eu pour résultat la destruction d'un cerf et d'une biche. En agissant ainsi, M. Baillon a évidemment donné des preuves de bon vouloir et si, comme l'a dit M. de Sennecourt, quelques chasseurs ont, dans ces battues, *négligé de tirer sur des biches et leurs faons*, cette négligence ne peut être raisonnablement reprochée à M. Baillon, qui était absent et avait organisé ces battues pour détruire ;

Que si M. de Sennecourt avance qu'on ne chasse sur les domaines de M. Baillon que des cerfs et des chevreuils, à l'exclusion de biches, qui seraient très-souvent épargnées; qu'on n'en tue tout au plus qu'un ou deux par année; qu'en 1859, notamment, il n'y a pas eu de chasses et tire de ces faits ces conclusions, que toutes ces précautions ont augmenté le nombre des animaux sauvages qui peuplent les bois de M. Baillon, nous pensons, au contraire, que cela porte au moins à croire, si ça ne le prouve, ou que ces hôtes des bois sont assez rares sur lesdits domaines, ou qu'il n'y en a pas toujours et que la présence des derniers venus n'a été réellement qu'un pur effet du hasard, qu'un cas fortuit non imputable à M. Baillon, puisque malgré tous ces ménagements, toutes ces précautions pris au sens de M. de Sennecourt en vue de leur conservation et de leur multiplication, il n'avait point encore fait de réclamation, non plus que personne dans le pays, qui est très-boisé ;

Et s'il fallait une preuve à l'appui de ce que nous venons de dire sur la présence fortuite de ces animaux et leur habitude de ne pas rester en place, nous la trouverions dans un fait cité par M. Baillon et qui n'a point été contesté, qu'un de ses amis, venu il y a deux ans pour chasser dans ses bois avec quatre-vingts chiens, n'y a pu tuer un seul animal ;

Que si M. de Sennecourt se plaint de ce que tout récemment et après une première assignation, M. Baillon, qui s'était entendu avec lui à l'effet de nommer des experts chargés d'estimer le dommage éprouvé et lui avait donné le droit de tuer au fusil les cerfs qu'il pourrait atteindre de manière à en diminuer le nombre, n'a pas tenu ses engagements, il ne nous semble point qu'il soit en droit de le faire, car il aurait lui-même, après l'expertise, qui a réellement eu lieu, refusé l'indemnité fixée, dont il ne trouvait pas le chiffre assez élevé, et, par suite, considéré dès lors, comme non avenu un arrangement qui n'avait été arrêté de la part de M. Baillon qu'en vue d'éviter des divisions entre voisins, et par pur esprit de conciliation ;

Attendu enfin qu'il résulte, pensons-nous, de tout ce qui précède, que, si M. de Sennecourt a éprouvé un dommage, ce dommage n'est ni le fait de M. Baillon ni le résultat de sa négligence ; qu'il ne peut, par suite, lui en demander réparation ;

Par ces motifs, faisant droit et jugeant en premier ressort, nous déclarons M. de Sennecourt mal fondé dans sa demande, l'en déboutons et le condamnons aux dépens.

§ V.

JURISPRUDENCE EN CE QUI TOUCHE LES RENARDS, BLAIREAUX, ETC.

TRIBUNAL CIVIL DE ROUEN

(23 juin 1858.—*Journ. des Chass.*, 22e ann., 2e sem., p. 215).

Jugement qui décide qu'on n'est point responsable des dégâts causés par les **renards et blaireaux**.

Le Tribunal :

Attendu que l'action de Vallée a été formée par exploit du 24 août 1857 ; qu'elle a pour objet la réparation des dommages qui lui auraient été causés par des lapins de la forêt de Rouvray qui auraient mangé des pommes à cidre tombées des arbres et par des *renards et des blaireaux* qui, pour chercher des mans, auraient fouillé la terre au pied des pommes de terre et nui à leur production, en mettant à nu le tubercule de semence; qu'il a dirigé son action contre Prevel, locataire de la chasse de la forêt de Rouvray, auquel son acte d'adjudication impose la responsabilité du dommage causé aux récoltes par le gibier et tous les animaux nuisibles ; que le juge de paix devant lequel cette action a été portée a ordonné une expertise pour vérifier le dommage, admettant ainsi en principe, la responsabilité de Prevel;

Attendu que l'obligation qui résulte pour Prevel de son acte d'adjudication n'est pas générale et absolue, et que Vallée ne peut l'invoquer comme donnant droit à une indemnité, par cela seul qu'il aurait éprouvé un dommage; que l'administration forestière n'a pas stipulé pour le propriétaire riverain; qu'elle a stipulé pour elle et dans son seul intérêt; qu'elle a voulu s'affranchir de toute responsabilité et en a chargé son locataire; que c'est là le sens et la portée de l'obligation qu'elle lui impose ; que Prevel est donc fondé à opposer à l'action de Vallée tous les moyens dont l'administration forestière, à laquelle il est substitué, eût pu faire prévaloir elle-même;

Attendu, en ce qui concerne le dommage qu'auraient causé les lapins, que le juge de paix eût dû repousser ce chef d'action, parce que, d'une part, si les pommes avaient été mangées, elles pouvaient aussi bien l'avoir été par *les lièvres dans la plaine* que par des lapins de la forêt et parce que, en outre, comme il ne se serait agi que de pommes à cidre tombées avant le 24 août, date de l'action, il était évident qu'elle n'avaient aucune valeur et que le peu qui avait pu en être mangé n'aurait, dans un cas, constitué un dommage appréciable;

Attendu quant aux *renards et blaireaux* que ce chef d'action devait être également rejeté; qu'il n'était en effet ni prouvé ni même articulé que ces animaux eussent été placés ou conservés par Prevel dans l'intérêt de sa chasse; qu'il résultait, au contraire, des documents qu'il avait produits, et dont l'exactitude était garantie par toutes les vraisemblances, qu'il avait cherché à les détruire;

Qu'on ne pouvait dès lors lui reprocher ni imprudence ni négligence, selon les termes et l'esprit de l'art. 1383 du Code Napoléon sur lequel l'action de Vallée était fondée, et qu'au lieu d'ordonner une expertise, le premier juge eût dû rejeter cette action aussi bien sur le second que sur le premier ;

Que c'était donc sans son fait et même malgré lui qu'ils existaient dans la forêt; qu'il lui avait d'ailleurs été impossible de prévoir, comme il l'avait été à Vallée lui-même, le concours de circonstances tout à fait exceptionnelles auxquelles le prétendu dommage a été attribué ;

Par ces motifs,

Le tribunal, réformant, déboute Vallée de son action, etc., etc.

FIN.

TABLE.

LÉGISLATION ET DOCTRINE.

JURISPRUDENCE.

Paris.—Imprimé chez Bonaventure et Ducessois, 55, quai des Augustins.

www.ingramcontent.com/pod-product-compliance
Ingram Content Group UK Ltd.
Pitfield, Milton Keynes, MK11 3LW, UK
UKHW020149220726
13923UKWH00001B/443

9 782329 073507